丛书系国家社科基金重大招标项目《中国共产党百年奋斗中坚持敢于斗争经验研究》（项目编号：22ZDA015）阶段性成果。

奋力建设现代化新广东研究丛书

中山大学中共党史党建研究院　编　张　浩　丛书主编

社会民生建设的广东实践及路径研究

袁洪亮　主编

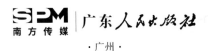

南方传媒　广东人民出版社

·广州·

图书在版编目（CIP）数据

社会民生建设的广东实践及路径研究 / 袁洪亮主编. -- 广州 : 广东人民出版社，2024.8.（奋力建设现代化新广东研究丛书）. -- ISBN 978-7-218-17789-2

Ⅰ. D632.1

中国国家版本馆CIP数据核字第20248ER703号

SHEHUI MINSHENG JIANSHE DE GUANGDONG SHIJIAN JI LUJING YANJIU

社会民生建设的广东实践及路径研究

袁洪亮　主编

出　版　人：肖风华

出版统筹：卢雪华
策划编辑：曾玉寒
责任编辑：伍茗欣
装帧设计：广大迅风艺术　刘瑞锋
责任技编：吴彦斌

出版发行：广东人民出版社
地　　址：广州市越秀区大沙头四马路10号（邮政编码：510199）
电　　话：（020）85716809（总编室）
传　　真：（020）83289585
网　　址：http://www.gdpph.com
印　　刷：广州市豪威彩色印务有限公司
开　　本：787mm×1092mm　1/16
印　　张：10.75　　字　　数：205千
版　　次：2024年8月第1版
印　　次：2024年8月第1次印刷
定　　价：48.00元

如发现印装质量问题，影响阅读，请与出版社（020-85716849）联系调换。
售书热线：（020）87716172

总　序

　　古代广东处于中国大陆的最南端，南有茫茫大海、北有五岭的重重阻隔，且远离中国的政治经济文化中心。然而，近代以来，广东却屡开风气之先。广东是反抗外国侵略的前哨，同时又是外国新事物传入中国的门户，地处东西文明交流的前沿，一直扮演着现代化先行者的角色。许多重大历史事件和著名历史人物不约而同和广东联系在一起，使广东在整个近代中国居于一种特殊的地位。中国近代史的第一页就是在广东揭开的。两次鸦片战争都在广东发生，西方国家用大炮打开中国大门，首先打的是广东。而中国人民反抗外国侵略的斗争，也首先是从广东开始的。众所周知，1840年英国侵略者以林则徐在广东虎门销烟为由，发动侵略中国的鸦片战争，这是中国近代史开端的标志。作为近代中国人民第一次反侵略斗争的三元里抗英斗争即发生在广东，因此广东成为中国反对外来侵略的前沿阵地。广东也产生了一大批在中国乃至世界上都有影响力的思想家、革命家。他们站在时代的前列，探索救国救民的真理，投身于救国救民的运动，推动和影响了近代中国发展的历史进程。毛泽东在《论人民民主专政》一文中谈到近代先进的中国人向西方寻求救国真理，他举出四个代表人物，即洪秀全、严复、康有为和孙中山，这四个人中有三个是广东人。从洪秀全领导的太平天国起义，到康有为等人领导的维新运动，这些广东仁人志士对救国良方的寻觅，都推动了中国早期的现代化进程。特别是孙中山先生在《建国方略》中曾对中国现代化景象作出过天才般的畅想。然而，遗憾的是，由于没有先进力量的领导、没有科学理论的指导，民族独立无法实现，现代化也终究是水月镜花。

1921年7月，中国共产党的诞生，是开天辟地的大事变，标志着中国的革命事业有了主心骨、领路人。广东是大革命的策源地、中国共产党领导革命斗争的重要发源地之一、中国共产党探索革命道路的核心区域之一和全国敌后抗日三大战场之一。革命战争年代，广东英雄人物辈出，其中陈延年、张太雷、邓中夏、蔡和森、张文彬等人为中国革命献出了宝贵生命；彭湃烧毁自家田契，领导了海陆丰农民运动，为人民利益奋斗终身；杨殷卖掉自己广州、香港的几处房产，为革命事业筹集经费，最后用生命捍卫信仰……这些铮铮铁骨的共产党人用生命为民族纾困，为国家分忧。总之，广东党组织在南粤大地高举革命旗帜28年而不倒，坚持武装斗争23年而不断，为中国新民主主义革命的胜利作出了巨大的贡献，从而为现代化事业发展准备了根本条件。

新中国成立后，广东砥砺前行，开始了探索建设社会主义现代化的伟大实践。在"四个现代化"宏伟目标的指引下，中共广东省委带领广东人民以"敢教日月换新天"的勇气和斗志，发展地方工业，完成社会主义改造，建立起社会主义基本制度，拉开大规模社会主义建设的序幕。此后，广东又在国家投资支援极少的情况下，自力更生建立了比较完整的工业体系和国民经济体系。这一时期，全省兴建了茂名石油工业公司、广州化工厂、湛江化工厂、广州钢铁厂以及流溪河水电站、新丰江水电站等骨干企业，改组、合并和新建了200多家机械工业企业，工农业生产能力明显增强。这一时期，广东社会主义现代化建设事业经过长期而艰苦的实践探索，在农业、工业、科学技术等方面取得了一系列突出成就，为推进社会主义现代化奠定了坚实的物质基础。

党的十一届三中全会以来，广东充分利用中央赋予的特殊政策和灵活措施，在改革开放中先行一步，走出了一条富有广东特色的现代化发展路径。广东大胆地闯、大胆地试，以"敢为天下先"的历史担当和"杀出一条血路"的革命精神，带领全省人民解放思想，在改革开放探索中先行一步。"改革开放第一炮"作为"冲破思想禁锢的第一声春雷"响彻深圳蛇口上空，"时间就是金钱，效率就是生命"的口号传遍祖国大地。在推进经济特区建设、经济体制改革，发展外向型经济，率先建立社会主义市场经济体制的过程中，广东以改革精神破冰开局，实现了第一家外资企业、第一个出口加工区、第一张股票、第一批农民工、第一家涉外酒店、第一个商品房小区等多个"第一"；探索出"前店后厂""三来一补""外向带动""腾笼换鸟、造林引凤""粤港澳合作"等诸多创新之路。相关数据显示，至2012年，城乡居民人均可支配收入分别为30226.71元和10542.84元；城镇化水平达67.4%，人均预期寿命提高到76.49岁，高等教育毛入学率超过32%。作为改革开放的先行地，广东还贡献了现代化的创新理念、思路和实践经验。"珠江模式""深圳速度""东莞经验"等在全国产生了巨大影响，为探索中国特色社会主义现代化道路贡献了实践模板。总之，改革开放风云激荡，南粤大地生机勃勃，广东人民生活已经实现从温饱到总体达到小康再到逐步富裕的历史性跨越，为基本实现现代化打下了良好的基础。

党的十八大以来，中国特色社会主义进入新时代。习近平总书记对广东全面深化改革、全面扩大开放、深入推进现代化事业高度重视，先后在改革开放40周年、经济特区建立40周年、改革开放45周年等重要节点到广东视察，寄望广东"继续在改革开放中发挥窗口作用、试验作用、排头兵作用"，勉励广东"继续全面深化改革、全面扩大开放，努力创造出令世界刮目相看的新的更大奇迹"，要求广东"以更大魄力、在更高起点上推进改革开放",嘱托广东在新征程上要"在全面深化改革、扩大高水平对外开放、提升科技自立自强能力、建设现代化产业体系、促进城乡区域协调发展等方面继续走在全国前列,在推进中国式现代化建设中走在前列",这为广东推动改革开放和社会主义现代化向更深层次挺进、更广阔领域迈进指明了方向。在以习近平同志为核心的党中央的亲切关怀和坚强领导下,广东高举习近平新时代中国特色社会主义思想伟大旗帜,坚持改革不停顿、开放不止步,进一步解放思想、改革创新,进一步真抓实干、奋发进取,不断开创广东现代化建设新局面。广东立定时代潮头,坚持改革开放再出发,勇当中国式现代化的领跑者。广东以习近平总书记对广东的重要讲话和重要指示批示精神统揽工作全局,加强对中央顶层设计的创造性落实,不断围绕服务国家重大战略贡献长板、担好角色,以全面深化改革为鲜明导向,纵深推进粤港澳大湾区、深圳先行示范区建设,推动横琴、前海、南沙三大平台稳健起步,实现了经济平稳较好发展和社会和谐稳定,确保经济、政治、文化、社会、生态文明建设"五位一体"统筹推进,在经济高质量发展、文化强省建设、法治广东建设、生态文明建设以及民生事业发展等方面取得具有历史意义的新成就。2023年广东GDP达到13.57万亿元,经济总量连续35年全国第一,区域创新综合能力连续7年全国第一,规上工业企业超7.1万家,高新技术企业超过7.5万家,19家广东企业进入世界500强,超万亿元、超千亿元级产业集群分别达到8个和10个,"深圳—香港—广州"科技集群位居全球前列,建成国际一流的机场、港口、公路及营商环境,新质生产力发展势头良好,这为广东在推进中国式现代化建设中走在前列奠定了坚实的物质基础。

中国式现代化前途光明,任重道远。广东是东部发达省份、经济大省,以占全国不到2%的面积创造了10.7%的经济总量,在中国式现代化建设的大局中地位重要、作用突出，完全能够在现代化建设、高质量发展上继续走在全国前列。

促发展争在朝夕，抓落实重在实干。为了更好落实"在推进中国式现代化建设中走在前列"这一习近平总书记对广东的深切勉励、殷切期望和战略指引，2023年6月20日，中共广东省委十三届三次全会作出"锚定一个目标，激活三大动力，奋力实现十大新突破"的"1310"具体部署。这是紧跟习近平总书记、奋进新征程的坚定态度和郑重宣示，是把握大局、顺应规律、立足实际的科学布局，是推进中国式现代化的广东实践的施工图、任务书。时间不等人、机遇不等人、发展不等人。唯有大力弘扬"闯"的精神、"创"的劲头、"干"的作风，一锤一锤接着敲、一件一件钉实钉牢，才能把蓝图变为现实，推动广东在推进中国式现代化建设中走在前列。

岭南春来早，奋进正当时。2024年2月18日是农历新春第一个工作日，继去年"新春第一会"之后，广东再度召开全省高质量发展大会，这次大会强调"接过历史的接力棒，建设一个现代化的新广东，习近平总书记、党中央寄予厚望，父老乡亲充满期待，我们这代人要有再创奇迹、再写辉煌的志气和担当，才能不辜负先辈，对得起后人"，吹响了奋力建设一个靠创新进、靠创新强、靠创新胜的现代化新广东的冲锋号角，释放出"追风赶月莫停留、凝心聚力加油干"的鲜明信号。向天空探索、向深海挺进、向微观进军、向虚拟空间拓展，广东以"新"提"质"，以科技改造现有生产力，积极催生新质生产力，不断增强高质量发展的"硬实力"。观大局、抓机遇、行大道，广东作为经济大省、制造业大省，不断筑牢实体经济为本、制造业当家的根基，持续推动高质量发展，必将创造新的伟大奇迹。

2024年7月15日至18日，中国共产党第二十届中央委员会第三次全体会议在北京举行。党的二十届三中全会是在新时代新征程上，中国共产党坚定不移高举改革开放旗帜，紧紧围绕推进中国式现代化进一步全面深化改革而召开的一次十分重要的会议。全会审议通过的《中共中央关于进一步全面深化改革、推进中国式现代化的决定》，深入分析推进中国式现代化面临的新情况新问题，对进一步全面深化改革作出系统谋划和部署，既是党的十八届三中全会以来全面深化改革的实践续篇，也是新征程推进中国式现代化的时代新篇，擘画了进一步全面深化改革的蓝图，发出了向改革广度和深度进军的号令。广东全省上下要闻令而动，积极响应党中央的号召，全面贯彻落实党的二十届三中全会各项部署，以走在前列的担当进一步全面深化改革，扎实推进中国式现代化的广东实践。要围绕强化规则衔接、机制对接，把粤港澳大湾区建设作为全面深化改革的大机遇、大文章抓紧做实，携手港澳加快推进各领域联通、贯通、融通，持续完善高水平对外开放体制机制，依托深圳综合改革试点和横琴、前海、南沙、河套等重大平台开展先行先试、强化改革探索，努力创造更多新鲜经验，牵引带动全省改革开放向纵深推进。要围绕构建新发展格局、推动高质量发展，进一步深化经济体制改革，着眼处理好政府和市场的关系，加快构建高水平社会主义市场经济体制；着眼发展新质生产力，健全推动经济高质量发展体制机制；着眼补齐最突出短板，健全促进城乡区域协调发展的体制机制，更好激发广东发展的内生动力和创新活力。要围绕推进高水平科技自立自强，加快构建支持全面创新体制机制，深化教育综合改革、科技体制改革、人才发展体制机制改革，打通创新链、产业链、资金链、人才链，着力提升创新体系整体效能。要围绕提升改革的系统性、整体性、协同性，统筹推进民主、法治、文化、民生、生态等各领域改革，确保改革更加凝神聚力、协同高效。要围绕构建新安全格局，扎实推进国家安全体系和能力现代化，全面贯彻总体国家安全观，加强国家安全体系建设，完善公共安全治理机制，持续加强和创新社会治理，切实保障社会大局平安稳定。要围绕提高对进一步全面深化改革、推进中国式现代化的领导水平，切实加强党的全面领导和党的建设，始终坚持党中央对全面深化改革的集中统一领导，深化党的建设制度改革，健全完善改革推进落实机制，充分调动广大党员干部抓改革、促发展的积极性、主动性、创造性，以钉钉子精神把各项改革任务落到实处。

站在新的历史起点上，回望我们党领导人民夺取革命、建设、改革伟大胜利的光辉历程和广东取得的举世瞩目的发展成就，眺望强国建设、民族复兴的光明前景和广东现代化建设的美好未来，我们更加深刻感到，改革开放必须坚定不移，广东靠改革开放走到今天，还要靠改革开放赢得未来；更加深刻感到，改革开放需要群策群力，进一步全面深化改革，每个人都不是局外人旁观者，都是参与者贡献者；更加深刻感到，改革开放务求真抓实干，中国式现代化是干出来的，伟大事业都成于实干。岭南处处是春天，一年四季好干活。全省上下要从此刻开始，从现在出发，拿出早出工、多下田、干累活的工作热情，主动投身到进一步全面深化改革的宏伟事业中来，以走在前列的闯劲干劲拼劲，推动改革开放事业不断取得新进展新突破，推动高质量发展道路越走越宽，让创新创造社会财富的活力竞相迸发、源泉充分涌流，奋力建设好现代化新广东，切实推动广东在推进中国式现代化建设中走在前列，为强国建设、民族复兴作出新的更大贡献！

在中华人民共和国成立75周年、中山大学建校100周年之际，中山大学中共党史党建研究院组织专家撰写的《奋力建设现代化新广东研究丛书》的出版，具有重要的政治意义和纪念意义。同时，这套丛书也是国家社科基金重大招标项目《中国共产党百年奋斗中坚持敢于斗争经验研究》（项目号：22ZDA015）的阶段性成果，丛书的出版也有一定的学术意义。

希望这套丛书在深化对党的二十大精神和习近平总书记视察广东重要讲话、重要指示精神如何在岭南大地落地生根、结出丰硕成果的研究阐释方面立新功，在深化对广东推进中国式现代化的创新举措和发展经验研究方面谋新篇，在推动中山大学围绕中央和地方经济社会发展需要开展对策研究和前瞻性战略研究方面探新路。

是为序。

中山大学中共党史党建研究院
2024年8月

目

CONTENTS

录

第二章

推动高质量充分就业，书写暖心民生答卷

4

第四章

打造特色优质卫生医疗服务体系 推进"健康广东"建设

5 第五章
共同富裕道路上的先行军

第六章

探索人口高质量发展的"广东路径"

第一章

民生社会事业在广东现代化建设中的地位与意义

CHAPTER1

党的十八大以来，习近平总书记从党和国家事业发展全局出发，高度重视改善民生和发展社会事业，作出一系列重要论述和重大部署，落实多项政策举措惠民生、纾民困、解民忧，探索形成了独具特色的民生建设道路，并在实践中积累了宝贵建设经验与路径方法。新时代新征程，必须进一步推动民生社会事业的地方实践，持续补齐民生短板、破解民生难题、兜牢民生底线、回应民生关切。

民生社会事业实际上包括保障基本民生和发展社会事业两个方面的内容。首先，基本民生涉及人民群众的衣、食、住、行多方面的基本需求。梳理党和国家重要文献可以看到：党的十七大报告强调"学有所教、劳有所得、病有所医、老有所养、住有所居"，可以概括为"民生五有"。党的十九大报告从"民生五有"发展到"民生七有"，在"民生五有"的前后分别增添了"幼有所育"和"弱有所扶"。其次，社会事业既涉及基本民生的内容，还包括了文化事业和产业、体育事业、社会治理、公共服务、公共安全等内容。在不同的时代背景下，保障基本民生与发展社会事业的工作重点和难点有所不同，必须根据各个阶段的国家发展战略进行科学分析。但自始至终不变的一点是，保障基本民生和发展社会事业直接关系到人民群众的切身利益，是国家繁荣稳定的基石。教育事业是培养人才、提高人口素质的重要保障；就业是最大的民生，也是社会稳定的重要保障；医疗卫生事业是关系人民群众身体健康的基础；社会保障事业是维护社会公平正义的重要支撑。总之，民生社会事业的开展，必须锚定提升人民群众获得感、幸福感、安全感，助力全体人民共同富裕的目标。在以高质量发展为主题推进高水平现代化建设的背景下，民生社会事业将被提升至经济社会发展的更重要的位置。

自党的十一届三中全会以来，广东省作为改革开放的排头兵，在党和国家政策的号召下，坚持以经济建设为中心，经过四十多年的发展，在经济建设方面取得了辉煌的成就。在此基础上，人民生活水平显著提高，基础设施建设等方面均走在全国前列。现在，广东省现代化建设进入了历史新阶段，在新的历史环境下，人民群众有了新的发展需求，要求广东省本着高质量发展目标要求，探索更高标准推进现代化建设的发展战略和策略。社会建设作为支撑现代化建设事业的重要支柱，在高质量发展的时代要求之下必须从"有没有"转向"好不好"。党的二十大报告指出，为民造福是立党为公、执政为民的本质要求，强调要"着力解决好人民群众急难愁盼问题，健全基本公共服务体系，提高公共服务水平，增强均衡性和可及性，扎实推进共同富裕"①，这为保障基本民生和发展社会事业工作重点的确立指明了方向。对照党的二十大的战略擘画，2022年12月8日，中共广东省委十三届二次全会提出，要谋划实施就业、教育、医疗、住房、养老、育儿、交通、食品安全、消费者权益保护、平安等"民生十大工程"，制定五年行动计划，一年接着一年干，不断增强人民群众获得感、幸福感、安全感。总的来说，"要突出均衡性可及性，高水平谋划推进民生工作，采取更多暖民心、惠民生的举措，着力破解民生难题，健全社会保障体系，探索共同富裕有

---

① 习近平：《高举中国特色社会主义伟大旗帜　为全面建设社会主义现代化国家而团结奋斗——在中国共产党第二十次全国代表大会上的报告》，人民出版社2022年版，第46页。

效路径，让老百姓的生活步步高、喜洋洋"①。2023年的《政府工作报告》将"保障基本民生和发展社会事业"列为八项重点工作之一。2023年6月20日，广东省委十三届三次全会进一步指出"要用心用情抓好民生社会事业，在推动共同富裕上取得新突破"②，深入实施"民生十大工程"，推动人口高质量发展，推动高质量充分就业，采取有力有效措施破解民生难题，让现代化建设成果更多更公平惠及人民群众。总结广东省关于民生社会事业的发展规划和发展思路，就是要在实现高质量充分就业、完善社会保障体系、健全卫生医疗服务体系、推动人口高质量发展等方面下功夫，在高质量发展中推动共同富裕取得更为明显的实质性进展，从而使发展成果更好惠及全体人民。

 一　幸福广东：广东现代化建设的民生目标

从"让老百姓的生活步步高、喜洋洋""让现代化建设成果更多更公平惠及人民群众"可以看出，广东现代化建设在民生领域的核心目标是打造一个"幸福广东"，这与习近平总书记一再强调的"以人民为中心""为人民谋幸福"等精神理念是相一致的。打造"幸福广东"本就是"再造新广东"的题中应有之义。问题在于"幸福广东"的内涵是什么，"幸福广东"的建设思路是什么。目标是行动的方向和指引，只有明确具

① 《进一步把思想和行动统一到党的二十大精神上来　奋力推动广东在全面建设社会主义现代化国家新征程中走在全国前列创造新的辉煌》，广东省人民政府门户网站2022年12月8日。

② 《中国共产党广东省第十三届委员会第三次全体会议决议》，广东省人民政府门户网站2023年6月20日。

体目标以及达成目标的基本路径，才能在具体的建设实践中找到发力点。

（一）坚守初心：增强人民群众获得感、幸福感、安全感

在民生社会事业建设中，坚持以不断增强人民群众获得感、幸福感、安全感为导向，是"以人民为中心"发展思想的根本要求。"以人民为中心"是以习近平同志为核心的党中央坚定的人民立场的新时代表达，是贯通习近平新时代中国特色社会主义思想的一条主线，也是新时代民生社会事业建设的根本价值取向。党的十八大以来，习近平总书记多次强调："人民对美好生活的向往，就是我们的奋斗目标。"[①]以习近平同志为核心的党中央坚持历史唯物主义关于人民群众是历史创造者的基本原理，提出了"以人民为中心"的发展思想。早在2013年8月，习近平总书记在全国宣传思想工作会议上就提出"要树立以人民为中心的工作导向"。2014年10月，他在文艺工作座谈会上强调"坚持以人民为中心的创作导向"。2015年，党的十八届五中全会提出着力践行以人民为中心的发展思想。在党的十九大报告中，习近平总书记多次提到"以人民为中心"。2018年3月，习近平总书记在十三届全国人大一次会议闭幕会上指出，必须始终坚持人民立场，坚持人民主体地位。在党的二十大报告中，习近平总书记四次提到了"以人民为中心"。总之，在习近平总书记的一系列重要讲话和论述中，"以人民为中心"这一重大战略思想的轮廓逐渐清晰起来。在中国共产党的语境中，"以人民为中心"既是一种价值理念也是一种发展思想，具有推动中国社会发展、变革中国社会现实的鲜明的实践导向。将"以人民为中心"的发展理念落实在行动上就是致力于"为人民谋幸福"。也就是说，以人民为中心"不能只停留在口头上，止步于思想环

---

① 习近平：《习近平谈治国理政》第1卷，外文出版社2018年版，第3页。

节，而要体现在经济社会发展各个环节"①，其时代内涵即切实提升人民群众的获得感、幸福感、安全感。那么，获得感、幸福感、安全感具体指什么？如何使得人民群众获得感、幸福感、安全感更加充实、更有保障、更可持续？

首先，获得感指的是人民群众在现代化建设当中所能享受到的服务的可及性、便利性以及所能获得的福利的实在性。"十四五"规划和2035年远景目标纲要明确提出"聚焦教育、医疗、养老、抚幼、就业、文体、助残等重点领域，推动数字化服务普惠应用，持续提升群众获得感"②。广东省在民生社会事业建设中要进一步提升人民群众的获得感，就要善于运用数字化手段，推进各项服务不断优化，以便利群众的基本生活。其次，幸福感指的是人民所追求的美好生活得以实现而带来的愉悦和满足的心理感受。美好生活追求并非抽象而是具体的，生活环境改善、人际关系和谐就能带给人民群众实在的愉悦感受。人们通常用"烟火气"来形容一座城市的温度，这里面既有对自然环境的直接体验，也有对人文环境的直接感知。和谐的人际关系、人性化的便民设施、有温度的政策举措等共同营造出良好的氛围，自然能带给生活于其中的人们幸福愉悦的感受。为此，广东省从建立便民生活圈、改造升级基础设施、改善居住条件等方面切实增进人民群众的幸福感。最后，"安全感"既是一个心理学概念，也是一个社会学概念。按照心理学家马斯洛的定义，安全感是指一种摆脱恐惧和焦虑的信心、安全和自由的感觉，是既关乎当下也关乎将来需要被满足的感觉。从正面来讲，就是个体对一种稳定的、安全的状态和秩序的心理需

①　中共中央文献研究室：《习近平关于社会主义社会建设论述摘编》，中央文献出版社2017年版，第13页。
②　《中华人民共和国国民经济和社会发展第十四个五年规划和2035年远景目标纲要》，人民出版社2021年版，第49页。

求。社会学意义的安全感则更强调社会环境对个体安全感的影响，生命安全、食品安全是最基础的安全感需要，除此之外，"居民对于安全的需要不仅仅停留在社会治安和个人人身安全等层面，就业是否稳定、收入是否有保障、食品安全卫生、生态环境的好坏、交通安全等同个人的安全感密切相关"①，因此，广东省在满足人民群众安全需求方面，既为人民提供良好的社会安全环境，也从就业、收入分配、社会保障等方面切实减少人民的后顾之忧。

（二）提升生活品质：满足人民对美好生活的向往

"美好生活"意味着在基本物质文化生活需求得以满足的基础上，人民对生活品质有了更高要求。党的十九大报告明确指出："我国社会主要矛盾已经转化为人民日益增长的美好生活需要和不平衡不充分的发展之间的矛盾。"②为此，中国共产党人必须将人民对美好生活的向往作为自身的奋斗目标。报告同时指出，"人民美好生活需要日益广泛，不仅对物质文化生活提出了更高要求，而且在民主、法治、公平、正义、安全、环境等方面的要求日益增长"③。就民生领域而言，教育水准、就业质量、收入水平、医疗条件、养老服务、社会保障、居住条件、生活环境等方方面面的改善和提升都是新征程上人民群众最关心最直接最现实的利益问题。不断满足人民日益增长的美好生活需要，提高人民的生活质量要从两个方向着手：一是要提升人民的物质生活水平，既要有量的供应，更要有质的提升，着力满足人民群众的多样化、个性化需求；二是要提升人

---

① 青连斌：《求解中国民生难题》，中共中央党校出版社2020年版，第252页。
② 习近平：《决胜全面建成小康社会 夺取新时代中国特色社会主义伟大胜利——在中国共产党第十九次全国代表大会上的报告》，人民出版社2017年版，第11页。
③ 习近平：《决胜全面建成小康社会 夺取新时代中国特色社会主义伟大胜利——在中国共产党第十九次全国代表大会上的报告》，人民出版社2017年版，第11页。

民的精神生活水平，要从丰富性、大众化着眼，贴近群众生活创造丰富的文化产品、文艺作品。为此，广东省在民生社会事业建设中，必须从健全保障和改善基本民生、发展社会事业的体制机制着手。新中国成立以来，中国共产党带领中国人民创造了世所罕见的经济快速发展奇迹和社会长期稳定奇迹，根本原因是我国国家制度和国家治理体系存在显著优势。在党的十九届四中全会上，习近平总书记指出："我们既要坚持好、巩固好经过长期实践检验的我国国家制度和国家治理体系，又要完善好、发展好我国国家制度和国家治理体系，不断把我国制度优势更好转化为国家治理效能。"①党的十八大以来，以习近平同志为核心的党中央高度重视保障和改善民生的体制机制建设，出台一系列重大方针政策，推出一系列重大举措，推进一系列重大工作，解决了许多长期想解决而没有解决的难题，办成了许多过去想办而没有办成的大事。党的二十大报告着眼于新时代新征程，针对新形势新情况，在"增进民生福祉，提高人民生活品质"这个总体要求下，提出完善分配制度、实施就业优先战略、健全社会保障体系、推进健康中国建设等四项重点任务。贯彻落实党的二十大战略决策部署，广东省在民生社会事业建设中，必须根据自身实际，首先从健全和完善体制机制入手，为不断满足人民群众多层次多维度多样化需求提供重要保障。

（三）积极治理：高效化解社会矛盾

"社会治理"是社会建设领域的核心概念，新时代以来，社会建设理念实现了从"社会管理"到"社会治理"的创新性发展。党的十八届三中全会首次提出了"社会治理"概念，之后，党和国家又相继提出了一系列

---

① 《习近平谈治国理政》第3卷，外文出版社2020年版，第124页。

关于社会治理的新观点新论断，初步形成了由"格局""现代化"和"共同体"等重要概念组成的社会治理概念谱系。并且，伴随着这一标识性概念的出场，逐渐形成了包括目标、体制、格局等要素在内的中国特色社会主义社会治理体系。从"社会管理"到"社会治理"，反映了党和国家在社会建设理念上的创新发展以及对社会运行规律和治理规律认识的深化，同时预示着不同社会主体在社会建设实践中强烈的互动性。党的二十大报告明确提出要"完善社会治理体系。健全共建共治共享的社会治理制度，提升社会治理效能。……建设人人有责、人人尽责、人人享有的社会治理共同体"①。这为广东省在社会治理实践中积极动员社会力量指明了方向。和谐的社会关系是增强群众幸福感的源泉，将矛盾纠纷化解在基层、化解在萌芽状态，需要凝聚智慧，需要积极作为。畅通和规范群众诉求表达、利益协调、权益保障通道，积极动员包括工会、共青团、妇联等多元主体共同参与社会治理，是提高社会治理活力和效率的努力方向。

（四）增进福祉：有效促进社会公平

促进社会公平和增进民生福祉存在相辅相成、相互作用的关系。党的二十大报告强调全面建设社会主义现代化国家必须把握五项重大原则，其中第三项是要"坚持以人民为中心的发展思想。维护人民根本利益，增进民生福祉，不断实现发展为了人民、发展依靠人民、发展成果由人民共享，让现代化建设成果更多更公平惠及全体人民"②。这项原则既强调了中国共产党一以贯之的执政理念和发展思想，也强调了坚持和发展中国特

---

① 习近平：《高举中国特色社会主义伟大旗帜 为全面建设社会主义现代化国家而团结奋斗——在中国共产党第二十次全国代表大会上的报告》，人民出版社2022年版，第54页。
② 习近平：《高举中国特色社会主义伟大旗帜 为全面建设社会主义现代化国家而团结奋斗——在中国共产党第二十次全国代表大会上的报告》，人民出版社2022年版，第27页。

色社会主义的根本目标："增进民生福祉是发展的根本目的。"①问题在于社会公平如何实现。有效促进社会公平关键在于要让全体社会成员共享社会改革发展成果。共同富裕是中国特色社会主义的根本原则，也是中国共产党的重要使命。推动经济社会发展，归根结底就是要实现全体人民共同富裕。实际上，共同富裕和社会公平不仅仅涉及经济收入多少的问题，还涉及分配的公平性、服务的均衡性、发展的先后性等问题。改革开放以来，随着经济持续快速发展，人民生活水平得以普遍提高，但由于多种因素共同作用，城乡区域发展不协调、基本公共服务差距较大的问题依然存在。随着全面建设社会主义现代化国家新征程的开启，促进全体人民共同富裕必须摆到更加突出的位置。关于基本公共服务均等化问题，广东省在民生社会事业建设中，要着力优化基本公共服务的基本结构和布局，扩大基本公共服务的覆盖范围，更加注重向农村地区、发展相对缓慢地区以及弱势群体倾斜，以更好地保障这些地区和人民的基本公共服务需求。

▼二 重点任务：民生社会事业在广东现代化建设中的地位

在庆祝中国共产党成立100周年大会上，习近平总书记郑重宣告，"我们坚持和发展中国特色社会主义，推动物质文明、政治文明、精神文明、社会文明、生态文明协调发展，创造了中国式现代化新道路，创造了

---

① 习近平：《决胜全面建成小康社会 夺取新时代中国特色社会主义伟大胜利——在中国共产党第十九次全国代表大会上的报告》，人民出版社2017年版，第23页。

人类文明新形态"①，首次提出了"中国式现代化"的重要概念。在此之前，2021年1月11日，在省部级主要领导干部学习贯彻党的十九届五中全会精神专题研讨班开班式上，习近平总书记提出：中国式现代化是人口规模巨大的现代化，是全体人民共同富裕的现代化，是物质文明和精神文明相协调的现代化，是人与自然和谐共生的现代化，是走和平发展道路的现代化。党的十九届六中全会通过的《中共中央关于党的百年奋斗重大成就和历史经验的决议》进一步指出："党领导人民成功走出中国式现代化道路，创造了人类文明新形态，拓展了发展中国家走向现代化的途径，给世界上那些既希望加快发展又希望保持自身独立性的国家和民族提供了全新选择。"②"中国式现代化"作为极其重要的一个关键词，在党的二十大上得到进一步论述。在党的二十大报告中，该词共出现了11次，有关中国式现代化五个方面的基本特征被写入其中。从关于中国式现代化的基本特征的概括中可以看出，中国式现代化有着显著的民生取向特点，也意味着民生社会事业建设在现代化建设中具有重要地位。从中国式现代化的论述出发，党的二十大报告明确指出，实现全体人民共同富裕是中国式现代化的本质要求和重要体现。实现全体人民共同富裕，在社会建设领域必须将保障和改善民生落到实处，大力发展社会事业，让低收入群体、弱势群体等重点保障人群均能共享现代化建设成果。

因此，广东在现代化建设中必须将保障基本民生和发展社会事业作为重点任务。中心只能有一个，毫无疑问是经济建设，但重心却可以有多个也应该有多个，重心合理分布才能保证社会稳定。正确思路是推进经济建

---

① 习近平：《在庆祝中国共产党成立100周年大会上的讲话》，人民出版社2021年版，第13-14页。

② 《中共中央关于党的百年奋斗重大成就和历史经验的决议》，人民出版社2021年版，第64页。

设和民生社会事业建设相协调，在发展中改善民生，实现民生改善和经济发展有效对接、良性循环、相得益彰。

（一）抓好民生社会事业是广东现代化建设的必然要求

民心是最大的政治，而"民生建设是一项永恒的民心政治工程"①。新时代社会主要矛盾变化、人民对美好生活的需要，这些时代要求、人民需求一方面为新征程上推进民生社会事业建设提供了动力，另一方面也对民生社会事业建设提出了挑战。广东省要在现代化建设中继续走在前列，就要逐一化解民生领域存在的困难和挑战，补齐民生社会事业发展短板，把增进人民福祉、促进人的全面发展作为发展的根本出发点和落脚点，推动全省社会事业蓬勃发展。在改善基本民生和发展社会事业时，除了要进一步加大民生投入之外，尤其还要解决好民生社会事业发展不平衡的问题。2018年10月，习近平总书记视察广东清远时指出，城乡区域发展不平衡是广东高质量发展的最大短板。广东省现代化建设中的城乡二元结构问题不仅仅表现为城乡区域在经济发展水平上的差距，还表现在保障基本民生和发展社会事业方面的不平衡性。为此，广东省务必朝着共同富裕的方向继续迈进，在教育、就业创业服务、医疗保障和服务等方面推动政策倾斜，确保民生社会事业健康发展，只有这样广东现代化建设才能顺利推进，"幸福广东"才具有充实的内涵。

广东省在补齐民生社会事业发展短板问题上，一是要加大投入，增强供给能力。一方面加大政府财政投入；另一方面吸引社会资本参与其中，从总体上、结构上有效扩大教育、医疗、养老资源供给，从根本上解决民生社会事业领域资源总量不足、质量不高、分配不均的问题。二是要引导

---

① 高和荣：《民生建设没有终点，只有新起点》，《人民论坛》2016年第34期。

和推进优质资源共享和下沉。一方面要补基础设施、基本设备等"硬短板";另一方面要补体制机制创新和人才保障等"软短板",以增强供给活力、提高服务质量。

（二）民生社会事业是广东现代化建设的重点内容

保障基本民生、发展社会事业是在社会建设领域扎实推进共同富裕、全面建设社会主义现代化国家的重要内容。2023年《政府工作报告》明确将"保障基本民生和发展社会事业"列为八项重点工作之一,并提出经济增长、就业、物价、居民收入与国际收支等方面的预期性目标。从报告中提出的主要预期目标就可以看到,国家正逐步将发展的美好图景转化为利民惠民的实际行动,充分体现了以人民为中心的发展思想和在发展中保障和改善民生的思路。其中包含几个突出亮点:一是《政府工作报告》针对就业问题提出"城镇新增就业1200万人左右"的预期目标,既同我国2023年城镇新增劳动力规模较大的实际相适应,也同"国内生产总值增长5%左右"的经济增长目标相适应。二是针对我国已经进入老龄化社会,报告提出加强养老服务保障、完善生育支持政策体系等,这些思路和举措为积极应对人口老龄化提供重要支撑。三是为响应全面建设社会主义现代化国家对人才和科学技术提出的更高要求,报告明确提出要推进义务教育优质均衡发展和城乡一体化,"大力发展职业教育,推进高等教育创新"等,既强调发展的持续性,也追求发展的公平性。依循国家重点工作部署,广东省在现代化建设中也同样要将保障基本民生和发展社会事业作为重点内容。

再者,中国特色社会主义事业总体布局是经济建设、政治建设、文化建设、社会建设、生态文明建设"五位一体"。民生社会事业建设属于社会建设的范畴,与经济建设、政治建设、文化建设、生态文明建设等领域的建设密切关联，因而是现代化建设的重要组成部分。各个领域、各个方面有机组成的构架共同支撑起现代化建设这座大厦，只有组成现代化大厦的构架完整健全，才能经得起风浪的考验。民生社会事业作为这个基本框架中的重要一环，发挥着支撑与黏合的重要作用，因此，民生社会事业理应作为广东省现代化建设的重点内容加以推进。

（三）民生社会事业发展状况是检验广东现代化建设质量的重要指标

民生社会事业发展状况是检验现代化建设整体质量与成效的其中一个重要指标，也可以说是最重要的指标。理解这一点，首先要明确现代化建设的应然状态到底是怎样的，这是衡量、评判现实的现代化建设实践及其成就的重要依据。毫无疑问，衡量现代化建设质量要依据新发展理念尤其是"共享理念"的践行情况，依据"五位一体"总体布局尤其是社会建设总体成效，依据中国式现代化的基本特征尤其是"全体人民共同富裕的现代化""物质文明和精神文明相协调的现代化"的推进程度。既把握理论，又立足现实；既把握整体，又着眼局部。举例来说，健康作为第一民生要务是各项民生事业的基础，习近平总书记强调现代化最重要的指标是人民健康，这是人民幸福生活的基础，全党全社会都必须牢固树立人民至上、生命至上的理念。那么，基层医疗机构服务能力强弱、优质医疗资源扩容下沉和均衡分布情况、公共卫生体系是否健全等都是衡量基本医疗卫生服务的公平性与可及性是否得到改善的依据，都是判断保障人民健康是否被放在优先发展的战略位置的依据，从而也是判断民生社会事业整体发展状况的依据。

民生社会事业建设本身包含丰富的内容，只有衣食住行等基本民生得到切实保障，社会事业蓬勃发展，现代化建设成效才经得住历史检验。

具体而言，健全的就业公共服务体系与全社会高质量充分就业的实现，健全的多层次社会保障体系与全覆盖、多层次、可持续的社会保障能力的具备，高质量的养老托育、社会优抚、医疗卫生、住房保障等服务的供给，健全的现代公共文化服务体系与文化事业和文化产业的繁荣发展等既是判断现代化建设质量的重要指标，也是现代化建设的重要目标。

（四）民生社会事业高质量发展是广东现代化建设的重要目标

高质量发展既是推进中国式现代化的必然要求，也是"全面建设社会主义现代化国家的首要任务"[①]。首先，发展是党执政兴国的第一要务；其次，发展必须是高质量发展，只有坚持高质量发展，才能不断满足人民日益增长的美好生活需要。高质量发展涉及方方面面的内容，新征程上，高质量民生社会事业建设既是坚持以人民为中心的发展思想的具体体现，也是推进人口规模巨大的现代化、全体人民共同富裕的现代化以及物质文明和精神文明相协调的现代化的出发点和落脚点。

一方面，既然民生社会事业发展状况是检验现代化建设成效的重要指标，那么，在推进现代化建设的过程中，就理应将民生社会事业高质量发展作为重要目标。另一方面，既然高质量发展是全面建设社会主义现代化国家的首要任务，高质量民生社会事业建设作为高质量发展的一个重要方向，同样应当成为现代化建设的重要目标。高质量发展，在民生社会事业层面不仅体现为基本民生得到充分的保障、民生领域的财政投入大幅度提升，还体现为民生社会事业发展有了更加有力的法治保障、公共服务水平得以持续提升以及由此带来的人民群众获得感更加坚实、幸福感更可持

---

① 习近平：《高举中国特色社会主义伟大旗帜　为全面建设社会主义现代化国家而团结奋斗——在中国共产党第二十次全国代表大会上的报告》，人民出版社2022年版，第28页。

续、安全感更有保障等实质性转变。党的二十大报告把高质量发展明确作为全面建设社会主义现代化国家的首要任务，进一步凸显了发展质量的全局性和长远意义。报告还对教育、就业、医疗、社会保障等人民群众最关切的民生工作进行了系统部署，体现出增进民生福祉、提高人民生活品质的思想自觉。广东省推动民生社会事业高质量发展要将这种思想自觉转化为行动自觉，因此，尤其要重视提升民生事业服务质量，这直接关系到人民生活品质的保障和提高。要围绕中国式现代化建设中心任务，围绕高质量发展首要任务和构建新发展格局战略任务，谱写广东现代化建设新篇章。

▼三 发展民生社会事业对于推进广东现代化建设的意义

理论只有足够清晰彻底，行动才能足够坚决。只有充分认识到社会民生事业建设在广东省现代化建设中的战略意义，在具体实践中才会自觉将社会民生事业建设摆在应有的位置。民生是人民幸福之基、社会和谐之本，增进民生福祉是发展的根本目的。只有民生得到有效保障，人民群众的获得感、幸福感、安全感才会不断增强。

（一）为广东现代化建设创造稳定的社会环境

民生问题既是一个社会问题，也是一个经济问题。就前者而言，民生问题属于"五位一体"当中的社会建设领域，事关每个社会成员的切身利益，"是社会问题中的主要问题、核心问题，解决不好民生问题将会引发一系列社会问题"①。因此是处理改革、发展、稳定三者关系时必须重点考虑的问题。就后者而言，从民生社会事业发展水平与经济发展水平息息相关、民生问题的解决关系社会公平的实现等角度来说，民生问题也是一个经济问题。党的二十大报告强调社会稳定是国家强盛的前提。当前，保持社会稳定尤其要解决好就业问题。就业是最大的民生，就业稳定能够在最大程度上实现社会稳定。近年来，广东省高校毕业生规模持续扩大，意味着就业问题优先级将进一步提升。为此，广东省必须在深化就业体制机制改革、实现高质量充分就业上持续发力。只有当人民群众有了稳定的收入来源，才能有效缓解普遍的社会性焦虑，从而减少由此造成的社会关系冲突。另外，完善中国特色的社会保障体系，是促进经济社会发展、实现广大人民群众共享改革发展成果的重要制度安排，是治国安邦的大问题。党的十八大以来，以习近平同志为核心的党中央把社会保障体系建设摆到更加突出的位置，坚持全覆盖、保基本、多层次、可持续，围绕全民覆盖、人人享有社会保障的目标，作出一系列重大决策部署，推动我国社会保障体系建设快速发展，我国社会保障事业取得历史性成就。社会保障的根本意义就在于切实提升社会成员的安全感和获得感，减少人们的后顾之忧，从而有助于塑造积极向上的精神状态以营造积极和谐的社会氛围，如此才能减少突发社会事件等对现代化建设事业的干扰。

（二）为广东现代化建设凝聚强大的社会合力

人民群众是历史的创造者，人民群众当中蕴藏着巨大的历史伟力。强大的社会凝聚力或者说社会合力如何形成？一方面需要发挥社会主义先进文化的引领作用，加强理想信念教育；另一方面，从更实际一点的角度

---

① 韩喜平、孙贺：《突破保障和改善民生的认识误区》，《湖北社会科学》2015年第1期。

来说，只有社会成员充分享受到改革发展成果、享受到现代化建设带来的红利，才能最有效地汇集民心民意、最直接地激发人们共同建设现代化的热情和干劲。在新征程上，广东省只有准确把握人民群众基本服务需求和美好生活需求，在发展中保障和改善民生，才能使人民群众感知到广东省现代化建设是关系全省人民各自切身利益的共同的事业，如此才能调动与激发全省人民投身现代化建设的积极性和创造性。另外，习近平总书记强调："高质量发展需要高素质劳动者，只有促进共同富裕，提高城乡居民收入，提升人力资本，才能提高全要素生产率，夯实高质量发展的动力基础。"[1] 2020年第七次全国人口普查结果显示，广东省常住总人口为126012510人，占全国总人口的8.93%，并且对比2010年第六次人口普查结果来看，广东省是31个省级行政区中人口增长数最多的省份[2]，十年共增加21709378人，增长20.81%，年平均增长率为1.91%。广东省人口能够保持较快增长，除了生育水平回升所带来的自然增长人口逐年稳步增加外，主要还因为广东省经济社会发展较快，吸纳了大量跨省流动人口。据《广东省第七次全国人口普查公报（第六号）》显示，2010年—2020年全国跨省流动人口为124837153人，其中广东的省外流入人口达29622110人[3]。由这些统计数据可知，大量的流入人口一方面将为广东省高质量发展贡献劳动力供给量、消费者需求量；另一方面也意味着人口规模巨大的现代化对于广东省来说是一个相当显著的课题，"一方面意味着民生建设的地位至关重要，另一方面又意味着民生问题十分复杂、异质性强"[4]。综合以上两个方面可以得出，保障基本民生和发展社会事业如果开展得好，人民最

---

① 《习近平谈治国理政》第3卷，外文出版社2022年版，第114页。

② 国务院第七次全国人口普查领导小组办公室：《2020年第七次全国人口普查主要数据=Major Figures on 2020 Population Census of China》，中国统计出版社2021年版，第56页。

③ 《广东省第七次全国人口普查公报（第六号）》，广东省统计局网站2021年5月17日。

④ 郭绍均：《中国共产党发展民生事业的基本原则》，《思想理论教育导刊》2021年第12期。

关心最直接最现实的利益问题如能得到妥善解决，巨大的人口规模将会变成广东省现代化建设显著的人力资源优势。

（三）确保广东现代化建设的总体质量与成效

高质量发展与保障和改善民生统一于现代化建设的伟大实践中，二者之间存在相辅相成、相互作用的辩证关系。一方面，高质量发展是保障基本民生和发展社会事业的重要前提，为保障和改善民生奠定坚实的基础。高质量发展不仅意味着物质基础能够得到最大程度的巩固，而且意味着经济社会持续健康发展成为常态，从而意味着民生社会事业建设有了强有力的保障。在实现"第二个百年奋斗目标"的新征程上，人民对生活品质有了更高要求，正如习近平总书记所强调的："以前我们要解决'有没有'的问题，现在则要解决'好不好'的问题。"[1]解决"好不好"的问题，在更坚实的意义上、在更高层次上保障和改善民生，势必要以推动高质量发展为根本前提。党的二十大报告明确指出："发展是党执政兴国的第一要务。没有坚实的物质技术基础，就不可能全面建成社会主义现代化强国。"[2]新时代新征程中国经济已进入高质量发展阶段，经济社会发展必须以推动高质量发展为主题。推动高质量发展，持续提高经济发展的质量和效益，是中国共产党切实回应人民群众民生关切和呼声的重要举措，也是新征程上党坚持群众路线的具体体现。另一方面，保障基本民生和发展社会事业是高质量发展的内在要求和根本目的，为高质量发展提供强大动力。新征程上，统筹兼顾经济发展和民生改善，处理好"做大蛋糕"和

---

① 中共中央党史和文献研究院：《习近平关于"不忘初心、牢记使命"论述摘编》，党建读物出版社2019年版，第36页。

② 习近平：《高举中国特色社会主义伟大旗帜 为全面建设社会主义现代化国家而团结奋斗——在中国共产党第二十次全国代表大会上的报告》，人民出版社2022年版，第28页。

"分好蛋糕"的关系是我们要面对和解决的时代课题，直接关系到人民利益是否得到充分保障、民生问题是否得到切实改善。因此，新征程上推动高质量发展必须着力保障和改善民生，扎实推进共同富裕，使发展成果更多更公平惠及全体人民。要像抓经济建设一样抓民生工作、像落实发展指标一样落实民生任务。保障和改善民生不仅直接作用于人民生活水平的提高，也将在加快构建新发展格局，推动经济更高质量、更有效率、更加公平、更可持续发展上发挥作用，从而提升广东省现代化建设实绩的"温度"以及惠民答卷的"厚度"。

习近平总书记指出，保障和改善民生没有终点，只有连续不断的新起点。民之所盼，即政之所向。新时代新征程，本着多谋民生之利、多解民生之忧的目标导向，广东省要在加强基本民生保障的同时，持续提升公共服务水平，从而不断提高人民生活水平。在就业领域，稳住就业基本盘的同时还须进一步提升就业质量；在社会保障领域，完善多层次社会保障体系，切实保障特殊群体和弱势群体的基本生活还须进一步落实；在卫生医疗领域，拓宽医疗服务的覆盖面、提升服务的精准化和精细化水平仍在进行时；人口高质量发展也还须探索更具体的路径和举措。总之，保障基本民生和发展社会事业是一项长期的工程，这项工程对于推动广东省高质量发展、助力现代化建设具有重要意义，因此必须在中国共产党领导下，发挥中国特色社会主义制度集中力量办大事的政治优势，以实际的制度改革和有力的系列举措增进民生福祉，实现共同富裕。

在纪念毛泽东同志诞辰130周年座谈会上的讲话中，习近平总书记强调："要着力保障和改善民生，办好各项民生事业，聚焦人民群众所思所盼所忧所急，解决好同老百姓生活息息相关的就业、教育、医疗卫生、养老托幼、社会保障等民生问题，使人民获得感、幸福感、安全感更加充实、更有保障、更可持续，推动全体人民共同富裕取得更为明显的实质性进展"①。这个重要讲话再一次为民生社会事业建设指明了目标和方向。增进民生福祉是推动经济社会发展的根本目的，推动经济社会发展，归根到底是为了不断满足人民群众对美好生活的需要；反过来，基本民生得到有效保障、社会事业得到实质性发展，也将会为经济发展创造更多有效需求，因为"民生连着内需，连着发展，抓民生也是抓发展。持续不断改善民生，既能有效解决群众后顾之忧，调动人们发展生产的积极性，又可以增进社会消费预期，扩大内需，催生新的经济增长点，为经济发展、转型升级提供强大内生动力"②。新征程上，广东省在民生社会事业建设问题上要注重增强实效性，既尽力而为，最大限度地满足群众的民生需求，又量力而行，立足经济社会发展阶段和现实条件，实实在在为群众办好事，确保社会安定有序、人民安居乐业，建成继续走在全国前列的"幸福广东"！

---

① 习近平：《在纪念毛泽东同志诞辰130周年座谈会上的讲话》，《人民日报》2023年12月27日。

② 《持续做好保障和改善民生工作——论做好当前经济工作》，《人民日报》2021年8月3日。

第二章

推动高质量充分就业，书写暖心民生答卷

CHAPTER2

就业是最大的民生工程、民心工程、根基工程，它是社会的永恒课题，是关乎每一位劳动者的切身利益，牵动着每一个家庭的幸福纽带。

我们党高度重视就业问题，坚持以人民为中心的发展思想，扎实推进全体人民共同富裕，将就业摆在经济社会发展优先位置。在党的二十大报告中，习近平总书记这样指示："强化就业优先政策，健全就业促进机制，促进高质量充分就业。"[1]

广东省作为经济大省和就业大省，一直以来高度重视就业工作。新时代以来，全省上下抓紧抓实抓好就业这个最大的民生工程，创新思路，多措并举，通过扩大就业规模、优化就业结构、织密就业网络、拓宽就业渠道、把握对接就业等有效措施，持续推动充分就业的同时提高就业质量，创造了促进共同富裕的广东经验。

 一　激发活力扩大就业容量

习近平总书记2021年在中央经济工作会议上说："要在推动高质量发展中强化就业优先导向。就业是民生之本。要提高经济增长的就业带动力，不断促进就业量的扩大和质的提升。"[2]

为扩大就业容量，广东省打出政策组合拳——减负稳岗扩就业、优化产业结构、激活劳动力。广东省坚持以就业优先为导向，加大政策扶持力

---

① 《习近平著作选读》第1卷，人民出版社2023年版，第39页。
② 《习近平著作选读》第2卷，人民出版社2023年版，第575页。

度，用"真金白银"落实稳企稳岗，帮助企业纾困解难，增强企业的竞争力和吸纳就业能力。同时，着力优化产业结构，推动新兴产业发展，促进产业升级和转型。此外，广东省还加强劳动者技能培训，弘扬创业创新精神，使劳动力与市场需求相匹配，为市场主体注入源源不断的新活力，从而不断扩大就业容量，为劳动者提供更多就业机会。

（一）稳定市场主体，强化企业用工支持

市场主体是经济发展的源头活水，是保就业、保民生和稳经济的关键。2020年7月21日，习近平总书记在主持召开企业家座谈会时指出，市场主体是经济的力量载体，保市场主体就是保社会生产力。留得青山在，不怕没柴烧。要千方百计把市场主体保护好，为经济发展积蓄基本力量。①

广东省作为经济大省，根据2023年7月份省统计局的数据，广东省市场经营主体数量就已达到1725万户，占全国的十分之一②。并且在广东省经济恢复和产业升级的关键时期，市场经营主体依旧保持活力稳步增长，为广东高质量发展打了一针"强心剂"。而这一针"强心剂"背后，是广东省针对市场主体面临国内外市场需求不足、产业发展整体走向低迷等困难，及时出台相应政策，加大财政投入支持力度，千方百计提振市场主体信心所作出的巨大努力。

首先，从宏观的财政调控角度上，广东省全面落实国家组合式税费支持政策，及时出台"金融支持实体经济25条""支持中小企业和个体工商户25条"等系列助企惠企政策来支持企业发展。根据广东省十四届人大

---

① 《习近平著作选读》第2卷，人民出版社2023年版，第319页。
② 《广东经济由逐步复苏向常态化增长转换 强实体优结构 与全国同向增长》，广东省人民政府门户网站2023年7月19日。

一次会议的政府工作报告中的数据，仅在2022年全年退税减税缓税降费就高达4656亿元①。广东省还出台了"稳工业32条及增量政策"，全力抓好投资50亿元以上制造业项目，实施产业链供应链韧性提升行动，稳住工业经济。

具体到支持企业用工方面，广东省针对性地提供了多项具体的财政补贴。通过阶段性降低失业保险费率，持续面向企业主动推送用工补贴、交通返岗补贴等多项扶持政策，为吸纳就业能力强的行业企业扩大以及稳固就业岗位供给提供有力支撑。并且企业可享受的就业补贴政策同等适用于符合条件的以单位形式参保的个体工商户，使支持对象更加广泛，扩大政策惠及面，从而进一步扩充市场主体的就业容量，使大量个体工商户持续带动就业。

此外，为了发动更多的社会力量，激活市场主体活力，根据广东省政府办公厅于2023年8月发布的《广东省人民政府办公厅关于优化调整稳就业政策措施全力促发展惠民生的通知》，将"鼓励金融机构按规定向吸纳就业人数多、稳岗效果好且用工规范的实体经济、小微企业及发展前景较好的个体工商户、小微企业主发放贷款。加大创业担保贷款发放力度，加强贴息资金保障，简化担保手续"。通过这一措施，为市场主体注入更多"金融活水"，润泽经济发展的每一根"毛细血管"，让中小微企业这一经济发展的生力军能蓬勃发展，从而在每一个细小的就业机会点上都给予金融支持，不断激活市场主体创新发展。

（二）优化产业结构，扩充产业用人需求

近年来，优化产业结构，狠抓传统产业改造升级和推进新兴产业发展

---

① 《广东：2022年退税减税缓税降费4656亿元，力度历年最大》，广东省财政厅网站2023年1月12日。

被摆在越来越重要的位置，从中央到全国各地密集出台专项政策，推动建设健全现代产业体系。习近平总书记指出："要深刻把握发展的阶段性新特征新要求，坚持把做实做强做优实体经济作为主攻方向，一手抓传统产业转型升级，一手抓战略性新兴产业发展壮大。"①

在党中央的领导下，广东省基于省内实际情况，不断推动传统产业转型和新兴产业发展，总结出属于广东的实践经验。一方面，优化产业结构并不是将传统产业当成"低端产业"让其简单退出，而是要基于自身优势转型升级，从而为就业市场提供更多高质量岗位。许多传统产业依旧是广东省的支柱性产业，如果强行脱钩，反而会带来更大的就业压力。另一方面，新兴产业支撑不足、关键核心技术受制于人，要通过发展战略性新兴产业集群，推动产业链、创新链、人才链、资金链、政策链相互贯通，优化劳动力合理配置，促进经济发展。此外，通过市场主导，政府引导，强化顶层设计，优化产业布局，提高要素配置效率，可以推动传统产业和新兴产业集群联动发展，从而创造出更多就业岗位，为广大人民群众提供更丰富的就业机会。

具体而言，在传统产业方面，广东不断地审视和关注传统产业的重要性。从行业规模而言，"传统优势产业依旧是广东制造业'顶梁柱'之一，部分行业规模在国内乃至国际上都具备较强的影响力和竞争力。广东十大战略性支柱产业集群中，就有6个产业集群属于传统产业范畴"②。在广东，有相当大规模的劳动力就业仍旧依赖于传统产业的发展，所以传统产业的高质量转型发展尤为重要。一方面，传统产业本身就能提供大量就

---

① 中共中央党史和文献研究院：《习近平关于网络强国论述摘编》，中央文献出版社2021年版，第145页。
② 《广东出台多项改革狠抓传统产业改造升级 推动传统产业和新兴产业"比翼齐飞"》，广东省人民政府门户网站2023年5月8日。

业门槛低的岗位，在吸纳非熟练以及非技术型劳动力方面具有强大优势；另一方面，随着数字技术的发展，传统产业持续转型升级，其生产组织形式和空间形式都会发生变化，会创造出更多高质量的就业岗位，从而引导劳动力不断提升自身劳动素质，为中高技术人才和技能复合型人才的培育发挥关键作用。

基于这一现状，广东省近年来密集出台多项与传统产业有关的政策，重点关注于食品工业、纺织服装以及家具等产业，为具体转型提供升级指引。比如，根据广东省工业和信息化厅2024年发布的相关政策方案，广东省将在2024年底，新增10个左右省级食品工业培育试点县，形成10个以上优质食品加工基地、原料基地，推进超过250个食品重点项目加快建设；[①]纺织服装产业方面，到2024年底，全省将建成15家以上产业协同的服装产业集聚区，培育8家以上国家纺织服装创意设计园区，从而打造产业新质生产力。[②]实现升级后，传统产业将释放出极大的就业吸纳力，创造大量城镇就业岗位。

在战略性新兴产业的布局和发展上，广东省也具有全面性和前瞻性。目前，广东已经打造了新一代电子信息、智能家电、汽车产业、软件与信息服务、生物医药与健康等十大战略性支柱产业集群，以及半导体与集成电路、高端装备制造、智能机器人、区块链与量子信息、新能源等十大战略性新兴产业集群。这些新兴产业的发展将释放出大量就业需求，尤其是对新型人才的需求。

为了匹配就业需求，广东省大力推进人才供需匹配工作，进一步做实

① 《广东省工业和信息化厅 广东省农业农村厅 广东省市场监督管理局关于2024年"粤食粤好 粤品世界"推动食品工业提质升级专项行动方案》，广东省工业和信息化厅网站2024年4月18日。
② 《广东实施六大专项行动 打造纺织服装新质生产力》，广东省人民政府门户网站2024年4月1日。

产教融合、校企合作等，激发新型人才潜能。在全国率先开展新职业技能人才培训评价，大力支持龙头企业牵头制定评价规范，带动行业技能人才培养成长。并且通过整合政企校资源，建设"产教评"技能生态链，推行"岗位+培养"学徒就业新形式，帮助青年掌握新技术新技能，解决"产业缺青年，青年缺就业"的结构性矛盾。

2023年，广东省围绕20个战略性新兴产业集群的60多条产业链培育新型"技培生"，范围涵盖了信息工程、科技研发等，已经筹措岗位超10万个[①]。此外，广东省积极开展职业技能培训，仅2023年上半年，就开展补贴性职业技能培训43万人次[②]。

通过以上举措，广东省政府统筹传统产业改造升级和新兴产业培育壮大，不仅提高了两类产业的效率和竞争力，也在创造大量就业需求的同时及时帮助劳动力进行就业转向。

（三）加强技能培训，提高劳动者就业能力

职业技能培训是保持就业稳定、缓解结构性就业矛盾的关键举措。劳动力市场上存在"招工难"与"就业难"并存的现象，根本原因在于劳动力供需之间存在结构性矛盾，因此加快提升劳动者技能、改善劳动力供给就成为当务之急。

习近平总书记强调："要搞好职业技能培训，缓解结构性失业问题；要提高职业培训质量，增强就业人员技能，提高农民工和其他各类再就业人员转岗就业能力；要建立健全党和政府主导的维护群众权益机制，抓住劳动就业、技能培训等问题，关注一线职工、农民工、困难职工等群体，完善制度，排除阻碍劳动者参与发展、分享发展成果的障碍；要推行终身

① 《各地多措并举促进高校毕业生就业》，央视网2023年8月12日。
② 《擦亮"粤"字就业招牌 广东落实落细就业优先政策》，《羊城晚报》2023年8月11日。

职业技能培训制度，培养宏大的高素质劳动者大军；要组织技能培训，动员企业参与，实现人岗对接，保障稳定就业。"[1]

广东省深刻认识到劳动者素质对产业发展的核心价值，积极顺应产业发展趋势，精准把握广大劳动者的多元化需求，全面聚焦于提升各类人群的技能素养和就业能力，从多个维度进行深入研究和系统性的创新实践。

一是强化财政投入保障，支持实施职业技能提升行动。从2019年到2022年已经累计支出专账资金141.7亿元，并支持开展职业技能相关培训共计1512万人次。[2]广东省是全国率先推行覆盖城乡各类劳动者的培训补贴政策的省份，至"十三五"期末，全省技能人才总量已经高达1332万人，其中高技能人才445万人，高技能人才占技能人才比重为33.4%。2023年，广东省进一步加大财政补贴力度，将职业技能提升、企业新型学徒制培训、项目制培训等项目也纳入补贴范围，并设置相应的补贴标准，这为全省大力开展职业技能培训提供了重要保障。

二是大力发展职业教育，注重深化产教融合，培养紧缺技能型人才。比如2023年6月，广东省人力资源和社会保障厅在广东岭南现代技师学院开展的"产教评"技能生态链建设对接活动中，为了破解人才培养和产业发展"两张皮"的问题，创新性地提出两个重要举措：一是创新"岗位+培养"学徒计划，企业将面向高等院校、职业院校、技工院校毕业年度学生开展学徒培养，通过精准培养解决新兴产业缺青年，青年缺就业的结构性矛盾；二是开发新职业技能标准，开拓新的就业空间。通过校企共同建立新职业的培训评价标准体系，响应数字化时代新需求，实现学校、企

---

① 学习贯彻习近平新时代中国特色社会主义经济思想　做好"十四五"规划编制和发展改革工作系列丛书编写组：《实施就业优先战略》，中国市场出版社、中国计划出版社2020年版，第33页。

② 《广东强化财政保障支持就业大局稳定　2020—2022年全省共安排一般公共预算就业资金183.14亿元》，广东省人民政府门户网站2023年5月6日。

业、行业的全链条生态培养，从而引导青年人才进入新技术新职业领域实现高质量就业，并解决相关产业数字化转型过程中关键人才缺口大的问题。[①]

通过相关创新举措的实施，广东省在职业教育和产教融合方面取得了显著成效。目前，已经对接了产业链，并遴选建设了63条"产教评"技能生态链，吸引了3170家企业、432所院校参与其中[②]。这些生态链的建设不仅有助于提高技能人才的培养质量和就业竞争力，还可以为企业提供更加符合需求的技能人才，促进产业发展和经济增长。同时，这些生态链的建设也为其他地区提供了可借鉴的经验和模式，推动了全国职业教育和产教融合的深入发展。

三是率先在全国开展职业技能人才培训评价，健全职业技能标准体系。无论是传统职业抑或是新职业，都需要注重健全职业技能标准体系。通过与时俱进地制定科学的标准，以确保职业技能培育的标准化和高效化。具体经验可以从"粤菜师傅""广东技工""南粤家政"三项工程中窥见一斑。通过线上培训、送技下乡、工学结合等多种形式，高质量规范开展培训和技能大赛，推动各地规范开展技能竞赛、创业大赛、名厨名店名菜评选等，从而在各地各平台加强技能培训并统一规范落实职业技能培训标准。

此外，广东省重点开展百万职业农民培训行动，依托"粤农通""广东远程职业培训网""腾讯网"等线上平台开展培训。健全培训体系，实施人才职称评价改革，开发乡土特色专项职业能力考核项目15个、培训课

[①] 《省"产教评"技能生态链建设对接活动在广州举行 "入链"企业提供超10万学徒岗位》，广东省人民政府门户网站2023年6月29日。

[②] 《省"产教评"技能生态链建设对接活动在广州举行"入链"企业提供超10万个学徒岗位》，广东省人民政府门户网站2023年6月29日。

程标准84个[①]。

四是充分发挥职业技能竞赛对技能人才队伍建设示范带动作用。通过竞赛的形式，激励劳动者探索自己的技能所长，并练就扎实的基本功，从而使劳动者在就业岗位上运用自如。广东省人民政府多次举办职业技能大赛，大赛紧扣广东省20个战略性产业集群的需求设置比赛模式，获奖选手获得相关的职业技能等级证书。通过发挥职业技能竞赛的引领作用，激发青年人学习新技术新职业新技能的热情，深化各地区的技能交流合作，营造技能成才技能报国的良好社会氛围。

（四）弘扬创业创新，鼓励就业机会多元化

习近平总书记在致2013年全球创业周中国站活动组委会的贺信中说："创新是社会进步的灵魂，创业是推动经济社会发展、改善民生的重要途径。"[②]

近年来，广东省在党中央的领导下，积极推动经济社会发展，实施了一系列政策和举措，以弘扬创业创新精神，鼓励就业机会多元化。这些政策和举措为广东省的经济发展和民生改善提供了有力的支持。

一是政策扶持方面，近年来，广东省财政厅积极贯彻落实中央、省委和省政府关于支持中小企业创新创业的有关工作部署，通过强化减税降费、融资担保、政府采购、财政扶持等举措，切实给中小企业减负担，缓解融资难题，不断为实体经济增动力，大力支持中小企业创新创业。重点群体创业方面，广东省对高校毕业生、退役军人等重点群体提供创业扶持，在创业启动资金、技能培训补助等方面都有相关政策扶持。

[①] 《"粤菜师傅""广东技工""南粤家政"三项工程服务乡村振兴新闻发布会》，广东省人力资源和社会保障厅网站2022年5月6日。

[②] 《习近平书信选集》第1卷，中央文献出版社2022年版，第22页。

二是优化创业创新环境，形成大众创业、万众创新的宏大局面。根据2016年广东省人民政府发布的《广东省人民政府关于大力推进大众创业万众创新的实施意见》，广东省将坚持把创新驱动发展战略作为核心战略，充分发挥市场在资源配置中的决定性作用和更好发挥政府作用，不断完善体制机制、健全政策措施，加快构建有利于大众创业、万众创新的环境，加快建设"众创、众包、众扶、众筹"等重大支撑平台，支持引导有意愿有能力的人员成为市场创业创新主体，不断开办新企业，开发新产品，开拓新市场，打造新引擎，形成新动力，发展分享经济，实现创新支持创业、创业带动就业的良性互动，激发全社会创新潜能和创造活力。①

三是鼓励特色创业，推动重点群体入驻创业载体。广东省政府积极鼓励各地开发推广投资少、风险小的特色创业实训项目，组织有创业意愿和培训愿望的高校毕业生、农民工、退役军人等各类群体参加培训并按规定给予补贴。高校毕业生、农民工等重点群体入驻政府投资开发的创业孵化载体，可给予最长3年的免租期，免租期满后上缴的租金收入，可按规定申请返还用于创业孵化载体的日常建设与运营管理。

四是围绕粤港澳大湾区建设，充分激发创业创新热情。广东目前已基本建成以粤港澳大湾区创新创业孵化基地为龙头的"1+12+N"体系。其中，粤港有18家青年创新创业基地，粤澳则有5家。②基地的建设有助于深入推动青年交流交往，更好激发粤港澳青年群体创业创新活力，促进以创业带动就业。此外，广东省举办了两个重大的创业创新大赛，包括"众创杯"创业创新大赛和博士博士后创业创新大赛，并同步开展"源来好创业"青年创业资源对接服务等活动，从而联动粤港澳大湾区，联动孵化载体和创投机构，把赛事打造成宣传落实创业扶持政策、对接创业服务资

---

① 《广东省人民政府关于大力推进大众创业万众创新的实施意见》，粤府〔2016〕20号。
② 《广东发布第二批粤港、粤澳青年创新创业基地》，新华网2022年12月17日。

源、促进创业项目落地发展的整体性过程。

二 拓宽渠道促进重点群体就业

习近平总书记高度重视重点群体就业工作："要实施好就业优先政策，做好高校毕业生、农民工、退役军人、城镇困难人员等重点群体就业工作。重点群体既是劳动力市场的主体，也具有示范带动作用。做好重点群体就业工作，对于稳定就业总体形势至关重要。"[①]

2022年12月28日，广东省人力资源和社会保障厅等九部门联合发布《广东省人力资源和社会保障厅等九部门关于实施重点群体创业推进行动工作方案的通知》，此方案将聚焦重点群体就业、优化创业环境，提供政策扶持和就业服务，为实现高质量充分就业提供有力支撑。

（一）支持企业单位，增加多元就业机会

广东省人民政府通过提供财政补贴、税收优惠等政策措施，鼓励企业和机构积极开发就业岗位，为重点群体提供更多的就业机会。例如，对于吸纳重点群体就业的企业，政府给予一定的税收优惠和资金补贴，以激励企业积极吸纳重点群体就业。同时，政府还积极推动产教融合和校企合作，鼓励企业与职业院校合作，共同开展技能培训，提高技能培训的质量和实用性。这种合作模式可以帮助重点群体提升自身技能和职业素养，进而提高其就业竞争力。

---

① 学习贯彻习近平新时代中国特色社会主义经济思想 做好"十四五"规划编制和发展改革工作系列丛书编写组：《实施就业优先战略》，中国市场出版社、中国计划出版社2020年版，第34页。

在具体举措上，主要从全省募集大量见习岗位、强化民营企业拓岗激励、强化重点产业招才引智、支持国有企业扩大招聘规模、稳定机关事业单位岗位规模、强化重大项目和重点企业用工支持多维度同步推进，为广大高校毕业生、农民工群体等重点群体就业提供大量岗位支持。

2023年在广东就业的高校毕业生总量超120万。[①]面对如此庞大的就业群体，广东省在全年募集见习岗位，吸纳高校毕业生参加见习，并对开展见习的用人单位按规定给予见习补贴；另外鼓励有条件的地市在安排纾困资金时，对吸纳高校毕业生就业达到一定数量且符合相关条件的中小微企业予以倾斜。同时支持制造业大企业、大项目通过校企合作等方式，吸纳优秀高校毕业生就业。

农民工就业方面深入实施重点企业用工保障行动，梳理完善重点用工企业清单，配备就业服务专员，落实落细岗位收集、技能培训、送工上岗、劳动关系指导等服务，支持重点企业吸纳农民工就业。

（二）加强职业指导，引导扩充就业选择

在全球就业市场复杂性不确定性不断增强的背景下，高校毕业生、农民工以及就业困难人群将面临更为严苛且多变的就业选择形势。如何解决他们就业难的问题，已成为社会关注的焦点。高校毕业生在就业市场上通常具有较高的期待和理想，但同时也面临着激烈的竞争压力，他们往往对职业规划缺乏清晰的认识，对自身的职业技能水平和职业素养也缺乏足够的了解。农民工的就业问题则常常与城乡差距、收入偏低等问题紧密相连，他们在城市中寻找工作的过程中，往往面临着技能不足、信息不对称等困难。就业困难人群，通常包括残疾人、老年人以及长期失业者等，他

---

① 《2023年在广东就业的高校毕业生总量预计将超120万 "六个抓手" 促就业创业》，广东省人民政府门户网站2022年12月19日。

们在就业市场上往往面临更大的困难。这些困难包括但不限于身体条件的限制、年龄歧视、技能匮乏、社会网络狭窄以及心理压力等。对于这一群体，职业指导不仅需要更加个性化、细致化，还需根据实际情况提供切实可行的帮助。

《2024年广东省高校毕业生就业创业十大行动方案》[①]为高校毕业生在加强就业指导方面提供了对应的工作支持。比如在高校建设就业指导队伍，完善就业创业指导课程标准，打造优秀职业指导课程、教材，以及通过校企供需对接、职业规划竞赛等多种形式，为学生提供个性化就业指导和服务。

对农民工以及就业困难人群，政府积极组织了多场规模化的招聘会，以切实推动就业引导工作。在招聘会上设立职业指导专区，邀请专家提供职业指导服务，并通过设立不同的企业专区，为不同专业、不同需求的求职人才提供多样化的就业机会。同时，积极对接企业，在招聘会上全方位地展示不同企业的产业优势和相关政府扶持政策，帮助企业招工留人，也帮助农民工等群体充分获取企业招工信息，选择适合自己的岗位。

此外，针对技能不足但有意愿参与就业的适龄劳动人群，政府还将根据企业需求大力开展公益性技能培训，为广大劳动群体提供更多的就业选择空间。

（三）创设灵活机制，开拓延展就业空间

创设灵活机制和开拓延展就业空间是适应当代经济社会变革的重要举措，它关乎劳动力市场的灵活性、适应性以及创新力，能提升就业质量，促进经济持续增长，同时还有助于增强社会稳定性。

---

① 《2024年广东省高校毕业生就业创业十大行动方案》，广东省人力资源和社会保障厅网站2024年4月17日。

根据《广东省支持多渠道灵活就业若干措施》，政府在鼓励个体经营发展和加强灵活就业服务管理两大方面作出多项政策支持。一方面，在鼓励个体经营发展方面，优化审批管理服务，落实创业补贴等政策，降低经营成本，发挥品牌工程促进作用，推动非全日制用工集中行业提质扩容，保障非全日制从业人员合法权益，鼓励用工模式创新，从而提供更多元的灵活就业岗位；另一方面，在加强灵活就业服务管理方面，实施承诺制就业失业登记，完善统计监测制度，降低参加养老保险门槛，优化人力资源服务，完善培训补贴政策，加大困难灵活就业人员帮扶力度，为就业困难人群提供完善健全的服务支持，为他们解决就业难的问题。

广东省还针对重点群体实施了"灵活就业支持"计划，重点关注为灵活就业人员提供常住地就业登记服务、"零工市场建设"、提供劳动权益维护和完善灵活就业人员参保制度，在政策层面上健全灵活就业机制。

在财政补贴方面，广东省人力资源和社会保障厅提供了对应的政策支持，比如鼓励高校毕业生到数字经济、平台经济等领域灵活就业，对其中以灵活就业形式参加社会保险的，按规定落实最长3年的灵活就业社保补贴政策。

在实践举措方面，广东省有两项创新性的重要举措。一是通过"就业驿站建设"推动构建"15分钟就业服务圈"，大力推动"零工市场建设"，进一步健全覆盖城乡的公共就业服务体系。例如，2023年，广东省茂名市举办"零工夜聘"暨"功夫家嫂"现场招聘会，将专业就业服务下沉，统筹利用线上线下各种资源，进一步促进零工群体就业。[①]二是设立"妈妈岗"。广东省政府鼓励用人单位积极设置面向育儿妇女的"妈妈岗"，提供灵活弹性的就业选择。探索推动建设省级"妈妈岗"就业基

---

① 《茂名高州：夜市招聘促进零工群体就业》，广东省人民政府门户网站2023年12月1日。

地，对认定的省级"妈妈岗"就业基地可统筹省以上就业补助资金给予适当奖补。

这些举措的实施，推动了劳动力市场的灵活性、适应性和创新力的提升。从而提升了就业质量，促进了经济增长，增强了社会稳定性。

▼ 三 夯实基础提升服务效能

（一）完善基层就业服务网络，协同企业满足就业需求

近年来，广东人社部门在推动基层就业服务方面取得了显著进展。通过创新招聘活动和形式，整合多方资源，探索建立更为便利的基层就业服务体系，努力打通就业服务"最后一公里"，构建"15分钟就业服务圈"，为求职者提供更好的公共就业服务。

在广东，就业驿站已遍地开花，构建出适应不同场景的基层就业服务网络。比如在广州市就已建成241家就业驿站，它们结合城中村、乡镇、产业园区等不同应用场景为广大劳动人民提供不同的针对性特色服务[①]。

从城市社区这一场景类型而言，主要聚焦于链接整合社会力量，合力推进就业服务。比如广州市打造"社工＋就业"服务项目，通过政府采购第三方服务方式，组建了一支由26名社工组成的专业就业服务队伍，为社区居民提供服务，促进劳动者充分就业。[②]

从乡镇农村这一场景类型而言，则会更加注重及时有效地让就业信息触达群众。例如，在珠海市斗门区莲洲镇南青村有效开展了线上线下推进

---

① 《聚力公共服务就业 绘就幸福底色》，《羊城晚报》2023年12月5日。
② 《广东海珠：匠心筑梦 就业携行 打造"社工＋就业"服务项目》，中华人民共和国人力资源和社会保障部网站2023年9月4日。

村居"网格化"精准就业的服务。在线下，搭建村级平台，在村党群服务中心设有专门的窗口和设备，确保各级就业信息能够互联互通，完善就业工作组织体系。在线上，一方面积极推行就业服务动态管理，按月进行更新就业记录台账，确保专人专项服务；另一方面收集就业岗位信息，第一时间通知就业困难人员。①

此外，为了进一步精准对接就业，让就业服务有力度有温度，广东省搭建了多个面向城市、乡村的基层平台载体。全省扶持建立了"南粤家政"综合服务示范基地、培训基地、产业园等各类载体42个。②一方面将充分发挥这些平台载体在交流对接、技能培训、服务落实等方面的作用；另一方面，广东省也将搭建更多面向农村的基层平台载体，推动服务下沉，为农村劳动力提供政策宣传、培训需求收集、资源对接、线上培训等更加便捷的服务。

除了针对不同场景完善基层服务活动的基础建设之外，广东省在基层的招聘形式方面上也展现出了更为灵活的创新能力，例如大力开展夜市招聘。2023年以来，广东多地巧借商圈"烟火气"举办"夜市招聘会"，推动更高质量充分就业。哪里有人气，摊位就移动到哪里去，从而提升供需双方匹配效率。夜市招聘会，成为广东就业招聘的有益探索。

通过以上措施的实施，广东省正在积极构建更加完善的基层就业服务体系，为广大劳动者提供更优质的公共就业服务。

---

① 《何为15分钟就业服务圈？珠海这样打造充分就业社区》，《21世纪经济报道》2023年5月16日。
② 《"粤菜师傅""广东技工""南粤家政"三项工程服务乡村振兴新闻发布会》，广东省人力资源和社会保障厅网站2022年5月6日。

（二）提升就业服务信息化水平，提供高质量就业指导

随着广东经济社会的快速发展，就业形势也在不断变化。为了更好地满足求职者和企业的需求，广东省政府不断提升就业服务的信息化水平，提供更高效、更便捷的就业指导服务。

广东基本就业服务均等化成效显著，已基本建成全省统一的基本公共就业创业服务制度和覆盖城乡的公共就业创业服务体系，公共就业创业服务供给模式多样，使得员工和企业的合法权益都得到切实维护。并且在基本就业服务均等化基础上，广东省进一步着重发挥人力资源市场作用，调动市场力量来提质增效。

一是培育一批高质量人力资源服务机构。深化"放管服"改革，科学制定人力资源服务业的职责清单，明确公共服务、经营服务和可购买服务的范围。在政策层面为人力资源服务业的发展提供有力保障，推动行业健康有序发展。同时，以各类人力资源服务产业园为依托，积极引进国际先进人力资源服务企业入驻，加大力度培育本土人力资源服务企业。通过产业园的集聚效应，吸引更多优质企业入驻，提升广东省人力资源服务行业的整体竞争力。

近年来，广东人力资源服务水平逐步提升，形成产业化、科技化、国际化、多元化的人力资源服务体系，有力地彰显了助力高质量充分就业、支撑高质量发展的引擎作用。

截至2022年，全省人力资源服务机构已超过5800家，从业人员15万人，为近5000万人次劳动者和超330万家次用人单位提供专业的服务。以深圳南山人力资源服务产业园为例，该产业园为原报道号称深圳最大的高新技术园区，开园以来已经为85万家次单位、5600万人次提供各类人力资

源服务，实现就业和流动780万人次。[①]

二是逐步破解人力资源数据服务难题。有效运用大数据、云计算、移动互联网等新技术和新方法，提升人力资源服务效率。通过技术手段对人力资源数据进行深度挖掘和分析，为企业和求职者提供更加精准的匹配服务。同时，搭建跨区域人力资源数据合作共享平台，实现人力资源跨区域优化配置。打破地域限制，促进人力资源的自由流动和优化配置，提高人力资源的利用效率。此外，促进政府、服务机构和科研院校等主体合作，探索在保护知识产权前提下，建立多方共同开发和应用数据的有效机制。通过多方合作，共同推动人力资源数据的研究和应用，为政府决策和企业发展提供有力支持。

例如，在广州人力资源服务产业园黄埔园区，"黄埔人才指数"大数据系统涵盖中国经开区、粤港澳大湾区、黄埔区域三大人才指数和智慧人才服务系统，打造了集政府、重点企业、人力资源服务机构和人才于一体的数字化、场景化、生态化、产业化的智慧型服务与决策平台。该系统数据共建共治共享，可以将需求精准链接，将服务在线集成，做到了用数字技术赋能就业服务，为劳动者提供高质量就业指导，匹配适配岗位。[②]

三是制定出台广东省人力资源服务标准体系。参照企业标准化流程，委托行业协会或科研院校制定广东省人力资源服务标准体系，以标准化引导服务现代化，以标准化保障管理科学化；进一步加强对人力资源服务企业的绩效管理，参照人力资源服务标准，委托专业机构进行定期绩效评估，对绩效优秀的企业给予奖励。

四是加大对粤东粤西粤北地区人力资源市场建设帮扶力度。充分利用珠三角地区人力资源市场优势，支持和鼓励人力资源机构到粤东粤西粤北

---

① 《人才产业双向奔赴　激活湾区一池春水》，《南方日报》2023年12月4日。
② 《广州为人力资源服务业插上数字化翅膀》，《羊城晚报》2023年9月4日。

地区开办分支机构，利用机构资源引导人力资源跨区域流动；支持和帮扶粤东粤西粤北地区有条件的地市建立人力资源服务产业园，借鉴广深"一园多区"模式，充分整合现有人力资源服务资源。

此外，广东还在持续完善建设全省统一的就业服务管理一体化系统，打造"广东就业地图"，实现就业失业登记、重点群体认定、岗位推荐匹配、政策申领享受等全链条就业公共服务"一网通办"。同时建设全省就业大数据监测系统，强化农民工流动趋势监测和人力资源市场供求情况分析。

（三）加强跨部门合作，提升就业服务的综合性和协同性

在过去的脱贫攻坚战中，广东省展现了出色的跨部门协同能力。以东西部扶贫协作为例，粤桂两省区紧密遵循国家战略部署，通过丰富多彩的协作交流活动，共同为贫困地区注入了新的活力。为了确保劳务协作的高效实施，粤桂两省区精心打造了三个核心渠道——异地转移就业、就近地就业及就业权益保障，从而确保了贫困劳动力的稳定就业与权益。

进入新的发展阶段，广东省持续创新，将"互联网+就业"思维融入就业服务中。建立了省级公共就业创业大数据库，促进了跨部门的信息流畅与共享。与互联网平台的紧密合作，为加强跨部门合作提供了技术支持，从而为广大求职者提供更便捷综合的就业服务。

2023年，广东省依旧在探索更多跨部门联合的实践活动。例如广东人社部门与广东邮政联合，通过线上线下的无缝对接，在江门市构建覆盖"市、县、镇、村"四级的零工市场，打造"发薪用户生态圈"为推动就业服务体系提质增效发挥积极作用。[①]

---

① 《数字平台打通就业"梗阻" "数字零工"全国开花》，《新快报》2024年3月28日。

线上，通过"五邑人社"与"邮薪领"两大平台的互联互通，实现了就业信息的高效发布与匹配。线下，依托遍布全省的邮政网点，继续稳步建设"就业驿站"。这些驿站不仅提供标准的就业服务，还将成为社保、政策咨询等服务的综合窗口。

广东邮政凭借其深入乡镇基层的3000多个网点的优势，确保就业服务信息能够迅速、准确地传达至基层群众。与人社部门的数据互通，更为服务体系的升级提供了有力支撑。

展望未来，广东省将继续秉持创新精神，督促多个关键部门如工信、统计、市场监管等加强合作，建立大中小型企业划型名录并推进数据共享，推动惠企政策精准实施。同时，税务与医保部门将与人社部门紧密配合，优化社保补贴等政策的实施流程，确保政策的快速直达，从而进一步提升就业服务体系的综合性和协同性。

第三章

健全多层次社会保障体系

习近平总书记指出："社会保障是保障和改善民生、维护社会公平、增进人民福祉的基本制度保障，是促进经济社会发展、实现广大人民群众共享改革发展成果的重要制度安排，发挥着民生保障安全网、收入分配调节器、经济运行减震器的作用，是治国安邦的大问题。"[1]中国的社会保障制度，一方面批判吸收了中国本土哲学中"水之于舟、民之于政"的民本思想，另一方面创新发展了马克思主义的社会保障思想，彰显了中国特色社会主义制度优势。"党的十八大以来，党中央把社会保障体系建设摆上更加突出的位置，推动我国社会保障体系建设进入快车道。"[2]当前，我国基本建成了以社会保险为主体，包括社会救助、社会福利、社会优抚等制度的社会保障体系，形成了世界上规模最大的社会保障体系，人民群众获得感、幸福感、安全感更加充实、更有保障、更可持续。党的二十大报告系统诠释了中国式现代化的基本内涵与主要特征，提出"扎实推进共同富裕"的战略部署，社会保障关乎人民最关心最直接最现实的利益问题，把健全社会保障体系作为增进民生福祉的重要抓手，为实现中国式现代化提供坚强支撑，为促进共同富裕创造有利条件。习近平总书记在广东考察时强调："广东是改革开放的排头兵、先行地、实验区，在中国式现代化建设的大局中地位重要、作用突出。"[3]在社会保障领域广东结合地方实际，积极探索，不断创

---

[1]　《习近平谈治国理政》第4卷，外文出版社2022年版，第341页。

[2]　《习近平谈治国理政》第4卷，外文出版社2022年版，第342页。

[3]　《坚定不移全面深化改革扩大高水平对外开放　在推进中国式现代化建设中走在前列》，《人民日报》2023年4月14日。

新，通过拓展社会保险覆盖广度、增强社会救助落实力度、提升社会福利服务温度、提高社会优抚工作精度等不断健全多层次社会保障体系，形成了许多的经验、模式。在全面建设社会主义现代化国家开局起步的关键时刻，广东将继续锚定"走在前列"总目标，发扬"敢闯敢试、敢为人先"的精神，扛起为民造福使命，不断改善民生、保障人民基本生活。

▼ 一　拓展社会保险覆盖广度

现代社会保障制度是从社会保险制度的建立开始的，社会保险制度在社会保障体系中占据核心地位，对社会保障起着基本纲领性作用。中国共产党历来高度重视社会保险制度的建立和完善，"早在1922年，党的二大宣言中就提出了设立工厂保险、保护失业工人等改良工人待遇的主张。瑞金时期颁布的《中华苏维埃共和国劳动法》设专章规定了社会保险问题。新中国成立伊始，政务院根据《中国人民政治协商会议共同纲领》中'逐步实行劳动保险制度'的要求，于1951年颁布《中华人民共和国劳动保险条例》"①。我国迄今已经建成包括养老、医疗、工伤、失业等险种在内的较为完善的社会保险制度体系。新时代我国社会主要矛盾发生转变，人民对美好生活的向往，以及人口老龄化、高龄化对社会保险制度健康可持续发展的冲击，都对完善社会保险制度提出了新的更高要求，广东致力于构建更加健全和可持续的社会保险体系，提高居民的社会保障水平，促进社会公平和经济发展的良性循环。

---

① 《习近平谈治国理政》第4卷，外文出版社2022年版，第341—342页。

（一）完善社会保险制度体系，增强社会保险公平性

新中国成立后，我国社会保险制度经历了从无到有、从城镇到农村、从就业人群到城乡居民的不断改革和发展的过程。养老、医疗、工伤、失业等各项社会保险的覆盖范围不断扩大，保障水平稳步提高，管理服务日益精细化和规范化，对保障和改善民生、促进社会和谐稳定发挥了重要作用。新时代以来，广东坚持以人民为中心的发展思想，立足新发展阶段、贯彻新发展理念、构建新发展格局，社会保险事业改革发展取得重大进展，质量得到大幅提升。

一是深化社会保险制度改革。习近平总书记指出："现在，我国社会保障制度改革已进入系统集成、协同高效的阶段。"[1]广东省深入推进社会保险制度改革，加强社会保险的统筹管理，实现企业职工基本养老保险、工伤保险基金省级统筹和城乡居民基本养老保险基金市级管理，推进基本医疗保险省级统筹。加快发展多层次、多支柱养老保险体系，通过实施机关事业单位养老保险制度改革，统一企业职工基本养老保险单位缴费比例；修订颁布《广东省城乡居民基本养老保险实施办法》，建立城乡居民基本养老保险待遇确定和基础养老金正常调整机制，完善财政资金分担机制，调整个人缴费档次标准，完善政府为困难群体代缴政策，改变征收模式；规范发展第三支柱养老保险，提高企业年金覆盖率，更好满足人民群众多样化需求。构建完善基本医疗保险体系，基本建成以基本医疗保险为主体，医疗救助为托底，补充医疗保险、商业健康保险共同发展的医疗保障制度体系，生育保险与职工基本医疗保险合并实施全面推进，长期护理保险试点稳步推进"三医"联动改革深入推进，多元复合式医保支付

---

① 《习近平谈治国理政》第4卷，外文出版社2022年版，第345页。

体系基本建立。推进失业保险向职业劳动者广覆盖，落实失业保险扩大保障范围和技能提升补贴政策，发放失业补助金、技能提升补贴和价格临时补贴，实施失业保险稳岗返还政策。构建工伤保险制度规范，修订《广东省工伤保险条例》完善工伤预防和工伤康复机制，规范工伤预防费管理使用，建立省级工伤预防联席会议制度和工伤预防专家库，参保单位工伤事故发生率实现大幅度下降。

二是扩大社会保险覆盖范围。广东省全面推进实施全民参保计划，精准推进重点群体参保，养老、医疗保险基本实现全覆盖，截至2023年10月，广东省养老、工伤、失业保险累计参保1.61亿人次，基金累计结余1.77万亿元[①]；截至2023年7月底，广东省基本医保参保人数达1.1亿，参保人数位居全国首位，基本实现了应保尽保和应发尽发。[②]其中，在养老保险方面，养老保险制度的基本功能是为因年老而丧失稳定收入来源的社会成员提供基本生活保障，其覆盖群体规模大、资金运行时间长，且与经济社会发展状况密切相关，在各国都是最重要的社会保障制度安排。广东省企业职工基本养老保险覆盖面不断扩大，出台完善灵活就业人员参加企业职工基本养老保险的政策，鼓励和引导有缴费能力的城乡户籍灵活就业人员参加企业职工基本养老保险。大力组织城乡居民参保，城乡居民基本养老保险全覆盖成果不断巩固。在失业保险方面，充分发挥失业保险促就业防失业功能，从偏重救助转为救助与预防并重，将促进失业人员再就业、预防在职人员的失业、提高在职人员就业质量，作为与保障失业人员基本生活同等重要的制度功能，促进制度功能不断扩大和前移。在工伤保险方面，基本实现单位职工工伤保险全覆盖，确保受伤职工得到及时、有效的

---

① 《广东2023年"社保服务进万家"活动启动》，广东省人民政府门户网站2023年10月23日。

② 《广东省医保局举办2023年全省基本医保全民参保计划其中宣传活动启动仪式》，广东省医疗保障局网站2023年9月1日。

保障和救治，稳步扩大工伤保险覆盖面。

三是提高社会保险待遇水平，推动实现公平统一。社会保险待遇水平的提高对于维护改善民生，维护社会公平，推进共同富裕具有重要的意义。广东省切实提高社会保险待遇水平，通过定额调整、挂钩调整与适当倾斜相结合的调整办法，合理调整退休人员基本养老金，城乡居民基本养老保险基础养老金最低标准提高到每人每月190元，比2015年每人每月128元增长48.4%。失业保险金标准由所在地最低工资标准的80%提高至90%，截至2022年人均领取失业保险金金额1872.49元/月，同比2015年末人均1234元/月增加51.7%。工伤伤残津贴标准提高至人均4511元/月，比2015年末人均2738元/月增长64.8%，位居全国前列。城乡居民基本医疗保险政策范围内住院费用基金支付比例分别稳定在70%左右，普通门诊统筹政策范围内报销比例不低于50%，大病保险起付线降低至上一年度城乡居民人均可支配收入的50%。截至2023年2月，全省常住人口持社保卡人数超1.2亿，常住人口持社保卡率约95%，电子社保卡签发数超7143万人，实体卡、电子卡发行数量均居全国首位。

（二）提升社会保险服务质量，提高社会保障精细化水平

随着我国社会保险事业的不断发展和服务领域的不断拓宽，以及全民参保计划的推进，人民群众对社会保险服务方便、快捷、高效的要求越来越高，广东省着力在提升社会保险服务质量和水平上下功夫，社会保险经办服务能力明显提高，服务规模、质量全国领先，有力地支撑了全省社会保险事业的全面快速发展。

一是加快社会保险服务融合互通，提升服务便利化水平。一方面，加强互联互通、业务协同的社会保险服务体系建设。完善"省—市—县"社保经办三级管理体制，落实"双区"战略，支持开展社会保险综合授权

改革试点，完善多层次社会保障体系，以社会保障卡为载体建立居民服务"一卡通"，以医保电子凭证为介质实现医保服务"网上办"，深入推动经办重点改革，建设新的全省集中式城乡居保系统，社保精准扶贫政策落实到位，推进失业保险"畅通领、安全办""纵到底—横到边"的服务体制初步形成。另一方面，加强社会保险经办服务标准化建设。统一核心业务流程和规范，制定完善公共就业服务事项清单和办事指南，以社保领域国家标准为指引，健全经办服务标准化工作机制，形成融信息化建设、参保登记、权益记录、转移接续、待遇领取等业务于一体的标准化体系，推动实施全省统一的经办标准、业务流程、管理办法。通过提供更全面、更及时、更个性化的服务，满足不同人群的需求，提供更好的风险保障和福利保障，促进社会公平和社会稳定。

二是加快社会保险服务数字化转型升级，提升服务效率。一方面，构建数字化平台，提高社会保险服务便捷性。用好科技，让数据多跑路，群众少跑腿，建设全省统一的线上线下社保公共服务平台，整合社保服务资源，全面优化应用省集中式社保信息系统，强化内外部数据共享，提升社保大数据分析应用。深入实施智慧人社和医保智能化工程，社会保障卡居民服务"一卡通"、医保电子凭证"网上办"广泛应用，基本公共服务均等化水平、可及性显著增强，智慧服务能力明显提高，群众满意度保持较高水平。另一方面，坚持传统服务和智能化服务并行，增强社会保险服务针对性。推动线上线下服务深度整合，联通窗口服务与互联网、粤省事、粤商通、12345热线、自助终端等服务渠道，实现服务信息多渠道同源发布。针对老年人、残疾人等群体提供贴心暖心社保服务，推动退休人员、城乡居民养老保险待遇领取人员纳入街道社区实行社会化管理。

三是加快社会保险服务队伍建设，提升服务质量。社保服务窗口经办队伍是人力资源和社会保障政策的具体执行者和公共服务的一线提供者，高质量的社会保险服务队伍建设，可以让人民群众享受到更加温暖贴心的服务。广东省坚持党的领导，将社会保险服务队伍建设作为系统行风建设的基础性工作，加强专业化、精准化、个性化培训，开展全省地市级以上社保经办机构负责人培训班、县级社保经办机构负责人培训班等，培养社保领域管理中坚力量。例如，清远市清新区社保局为深入贯彻落实省、市、区委关于推进实施"百县千镇万村高质量发展工程"决策部署，全面推动清新区实施"城乡居保镇村通"工程，促进社保公共服务均等覆盖，破除城乡二元结构。分别到全区8个镇举办实施"城乡居保镇村通"工程业务培训班，便培训班延伸到村（社区）一级，各镇分管领导、镇村（居）各级社保业务经办人员和镇网络信息技术人员共440人参加培训。通过规范服务行为，推进服务标准化建设，严格工作纪律，完善考核机制。发现、培养和树立了一批爱岗敬业、群众认可、业内公认、有社会影响力的先进典型，发挥示范带动作用。

（三）强化社会保险运营管理，保证社会保险安全性

社会保险是国家立法强制征收社会保险税（费），并形成保险基金，当被保人发生相关风险时，制度给以损失补偿或提供收入的风险分散机制。无论是从覆盖人数，还是从资金收支规模来看，社会保险已成为我国社会保障体系的核心内容，甚至成为我国社会保障的主体。我国人口老龄化、人均预期寿命提升、受教育年限增加、劳动力结构变化等发展趋势使社会保险面临着许多的新情况新问题，习近平总书记指出："要依法健全社会保障基金监管体系，防范化解基金运行风险，维护基金安全。要以零容忍态度严厉打击欺诈骗保、套保或挪用贪占各类社会保障资金的违法行为，守护好人民群众的每一分'养老钱'、'保命钱'和每一笔'救

助款'、'慈善款'。"①广东省加强调查研究，系统研判社会保险新情况，不断提高工作预见性和主动性，未雨绸缪采取应对措施。

一是积极推动社会保险基金保值增值。广东省在社保基金管理方面科学决策和严格监管。通过不断优化基金投资运营策略，提高基金收益率，保障社保基金的保值增值。稳妥推进基本养老保险基金投资运营，开展职业年金实账积累，推动职业年金基金入市投资运营，截至2023年10月，全省养老、失业、工伤三大险种基金累计结余1.77万亿元。

二是不断加强社会保险基金监管和风险防控。一方面，健全政策、经办、信息、监督四位一体的运行机制，基金财务管理和风险防控有效加强，建成全省社保基金清算系统，统一全省社保基金财务核算系统。推动风险防控专业化，以整改落实为抓手，推动审计、基金监督检查、内控检查发现问题及欺诈骗保案件的整改，深化应用全省社保基金清算系统，及时研判基金运行趋势。另一方面，拓展国际视野，关注国外社会保障发展情况，吸取经验教训，既避免像一些拉美国家那样盲目进行"福利赶超"落入"中等收入陷阱"，又避免像一些北欧国家那样实行"泛福利化"导致社会活力不足。

三是切实强化法治建设。党的二十大报告将"安全规范"确定为社会保障体系建设的目标。社会保障制度只有安全可靠、规范实施才能为全体人民提供一份可资期待的保障，才能将多年来取得的全覆盖、高整合、均等化、多层次的制度建设成就确立下来，实现长远发展。社会保险作为社会保障的重要组成部分，需要在法治的轨道上稳妥有序地运转，同时也需要法治提供有章可循、有理可依的制度保障。近年来，随着我国社会保险基金规模的扩大，欺诈骗保行为频现，严重威胁到人民群众的生活安全和

---

① 《习近平谈治国理政》第4卷，外文出版社2022年版，第346页。

生产安全，尤其表现在医疗保障领域。医保基金的使用主体多、链条长、风险点多、专业性强、监管难度大，广东省以丰富立法和提升执法水平的方式为基金的安全保驾护航，集中查处了一批大案要案，让违法违规行为无处遁形。同时不断宣传和普及社会保险法律知识，营造法治环境，为社会保险事业的高质量发展提供智力支持，促进广大民众学法、守法、懂法、用法。

二　增强社会救助落实力度

社会救助是指国家和社会对由于各种原因而陷入生存困境的公民，给予财物接济和生活扶助，以保障其最低生活需要的制度，是保障基本民生、促进社会公平、维护社会稳定的兜底性、基础性制度安排。我们的党和政府一贯重视社会救助制度的完善发展在保障和改善民生中的重要作用，无论是在革命时期还是在社会主义建设时期，均通过建立相关的救助制度，采取多种措施以保障人民基本生活。广东省坚持以人民为中心的发展思想，按照保基本、兜底线、救急难、可持续的总体思路，以统筹救助资源、增强兜底功能、提升服务能力为重点，健全体制机制，强化政策落实，加快构建分层分类的社会救助制度体系，不断增强困难群众的获得感、幸福感、安全感。

（一）充分发挥社会救助兜底功能，精准把握救助需求

社会救助是社会保障体系中的兜底性、基础性制度安排，关乎困难群众幸福冷暖，关乎社会公平正义，是中国特色社会主义制度优越性的集中体现。广东省积极推进社会救助制度转型升级，运用大数据平台精准把握

社会救助需求，推动低收入群体迈向共同富裕。

一是提高两项补贴保障水平，助力托起困难群众稳稳的幸福。2023年广东省城乡低保对象最低生活保障人均补差水平分别从每月653元、300元提高到676元、311元；特困人员基本生活标准不低于当地最低生活保障标准的1.6倍。集中供养孤儿基本生活费标准从每人每月1949元提高到2017元，散居孤儿（含艾滋病病毒感染儿童）、事实无人抚养儿童基本生活费标准从每人每月1313元提高到1359元。

二是用好大数据平台，助力社会救助更精准更全面。为了让困难群众申请社会救助更便捷、高效、精准，广东省民政厅按照《广东"数字政府"改革建设方案》要求，建设了广东省底线民生信息化核对管理系统（以下简称"核对系统"）和低收入人口动态监测管理系统，提供给全省各级民政部门使用，覆盖省、市、县、镇四级共1745个单位。两个系统目前汇聚了12个政府部门、28类商业银行及证券等单位以及18类特殊困难群众基本信息，对405万低收入人口进行监测预警，为精准认定社会救助对象，构建覆盖全面、分层分类、综合高效的社会救助体系提供了数据支撑。据统计，截至2023年8月，低收入人口动态监测管理系统运行以来累计预警信息并入户调查12.88万条，其中纳入民政救助13470人，转介其他部门救助11240人。核对系统2023年以来共为107.36万户262.45万名社会救助申请人出具了经济状况核对报告，群众只需"一证一书"（身份证、授权书）即可申请社会救助。2023年累计下达困难群众救助补助资金84.5亿元，全省累计向136.22万名城乡低保对象及22.89万名城乡特困人员等困难群众发放社会救助金。①

---

① 《广东民政：大数据助力社会救助高精准高全面》，广东省民政厅网站2023年8月21日。

（二）积极创新社会救助保障格局，持续提升救助质效

党的二十大明确要求"健全分层分类的社会救助体系"，这为我们做好当前和今后一个时期社会救助工作、推进社会救助事业高质量发展指明了方向。分层分类社会救助体系要求针对不同类型的困难家庭和人员提供有针对性的、差异化的救助帮扶，目的是形成分层次的梯度救助格局，从而实现社会救助从"悬崖"到"缓坡"的转变，进而实现救助的公平、精准和高效，助力低收入群体实现共同富裕。广东省积极构建政府主导、社会参与、制度健全、政策衔接、兜底有力的综合救助格局，不断推动社会救助事业高质量发展。

一是救助主体多元化。一方面，以政府为主导，加强相关部门联动协作。民政部门主管、相关部门配合的适度集中管理方式，即由民政部门牵头，分类识别、统计社会救助对象，各主管部门具体实施分类救助，以协调各项社会救助项目，及时研究问题，使救助资源发挥合力。另一方面，以社会参与为补充，引导多元主体互动互补。引入广大社会力量参与，充分调动基层党组织、社区、社会组织、慈善组织、社会工作者等主体的积极性。积极发展社会救助领域社会工作和志愿服务，促进社会救助向专业化、个性化、发展型转变。例如佛山市禅城区打造"1+5+6+1"的特色救助服务模式，立足党建引领，凝聚社区、社会工作者、社区社会组织、社区志愿者、社区公益慈善资源"5社联动"合力，开展建档立卡、分类管理、政策宣传、协助申请救助、提供专业社工服务、链接社会资源6项专业社工服务，为低保对象、特困人员等兜底人群建立8700多份服务档案，服务对象超5万人次，实现救助对象建档率、服务覆盖率100%。此外，禅城区通过有效统筹整合民政、妇联、残联、人社的资源阵地、服务对象以及服务事项，解决了服务交叉、多头申请的痛点，有效推动了兜底民生服

务向系统化、综合化、集约化转变,推动禅城区大救助体系高质量发展。

二是救助内容类别化。进一步健全和优化现有社会救助体系,一方面,推动基本生活救助、专项救助和急难救助三类救助紧密衔接、系统化建设。基本生活救助政策从低保家庭、特困人员逐步向低收入家庭和支出型贫困家庭拓展,临时救助覆盖所有因突发性、紧迫性、临时性事件陷入生活困难的城乡群众,确保任何一个家庭或公民在遇到各种困难,生活难以为继时,都能通过社会救助得到兜底保障。另一方面,推进生存型救助向发展型救助转变,从过去的被动、消极的救助理念向积极的救助理念转变,从物质救助为主拓展到包括服务给付、精神慰藉、能力提升、资产建设、社会融入等综合型救助。

三是救助方式层次化。一方面,加强"线上+线下"联动,加强大数据监测预警,通过建立低收入人口动态监测信息库,充分了解掌握低收入人口的多样化需求,同时,对各类群体进行实地巡访关爱,把走访发现的需要救助、需要帮扶的困难群众作为基层组织的重要工作内容。例如广州市越秀区面对"人户分离"困难群众的服务保障问题,建立"越关爱"服务保障机制,依靠街道、社区、社工站和志愿服务队等基层力量形成探访工作合力的同时,利用"穗救易"平台的手机端,使探访工作实时化、便捷化、数据台账信息化,通过对困难群众"线上+线下"可视化巡访的服务,及时了解困难群众家庭、生活、医疗、住房及教育等动态,推进"救助+服务"进家入户,为"人户分离"群众架起"连心桥"。另一方面,增强"兜底+拓展"结合,建立需求导向的递送模式。分层分类社会救助既要满足救助对象基本生活需要,也要积极拓展社会救助服务,进一步创新整合社会救助服务的内容和方式,提升救助对象的能力,满足救助对象发展的需要,建立"兜底+拓展"的救助提供模式,为不同类型困难群体提供精准和温暖的"救助套餐"。再如,佛山市禅城区自2019年被民政部列为社会救助综合改革试点以来，不断推进社会救助制度改革，创新"+救助"的救助服务长效机制。在"社工+救助"中，禅城区依托专业社工，为困难群众提供健康管理、心理、家庭等服务，链接社会资源，为救助对象解决个性化问题，促进救助对象提升能力与融入社会，让救助对象从"受助"到"自助"再到"助人"。

（三）不断完善社会救助法制建设，切实保障救助可持续

社会救助立法，是将调整社会救助法律关系的有关权利义务、权力职责以及其实现程序归纳提炼成具有普遍适用性的规则并通过国家强制力保证实施的一个过程，具有权威性和严肃性。实现社会救助的法治化，不仅可以有效避免救助政策的任意性，促进社会救助行为从行政主导向权利主导转型，更为重要的是，法律作为利益的调整机制，可以加强弱势群体权利与法律正义之间内在的联系。这一变革伴随着救助理念更新、制度创新、措施完善，既是规范政府社会救助行为的过程，也是为社会力量参与救助提供制度平台的过程。2017年7月27日广东省第十二届人民代表大会常务委员会第三十四次会议通过并公布了广东省第一部社会救助地方性法规——《广东省社会救助条例》（以下简称《条例》）。《条例》紧紧围绕"让困难群众最大程度地获得及时、精准的救助"这一主旨，着眼广东实际，在遵循上位法的前提下取得创新性突破，充分凝聚了建立健全社会救助制度的成果，对进一步织牢织密社会救助兜底安全网具有重要意义。在《条例》颁布之后，广东省坚持托底线、救急难、可持续的社会救助原则，陆续出台了《广东省临时救助办法》《广东省最低生活保障边缘家庭和支出型困难家庭救助办法》《广东省特困人员救助供养工作规定》《广东省人民政府办公厅关于健全重特大疾病医疗保险和救助制度的实施意见》等一系列的制度规范，保障公民的基本生活，促进社会公平，维护社会和谐稳定。

▼三 提升社会福利服务温度

社会福利是实现社会保障根本目标，也是最高层次的保障，通过社会福利的调节，可以提高人民的物质文化生活质量和水平，让社会保障能够更上一个新台阶，而国家和社会群体是社会福利基金的主要来源。社会福利可以改善人民的生活质量和水平，实现社会保障的最高目标，从而造福群众，让群众切实感受到来自国家的福利。所有的社会成员在享受国家福利的同时，也会为社会福利基金作出应有的贡献。党的十八大以来，党高度重视社会福利事业发展，坚持以人民为中心的发展思想，把增进民生福祉作为发展的根本目的，把人民对美好生活的向往作为奋斗目标，既强调坚持发展，做大蛋糕，也要求解决好发展的均衡性，分好蛋糕，在幼有所育、学有所教、劳有所得、病有所医、老有所养、住有所居、弱有所扶上不断取得新进展。广东省准确把握社会主要矛盾的变化，以保障人民群众基本生活、提高人民群众生活质量为着力点，在避免陷入"福利陷阱"的前提下，有针对性地设计福利项目并实施更加人性化和精细化的管理，不断提升福利制度的针对性、科学性、可持续性。

（一）推动健康养老服务体系建设，巩固提升养老服务供给保障

习近平总书记强调："尊老爱老是中华民族的优良传统和美德。一个社会幸福不幸福，很重要的是看老年人幸福不幸福。"[1]党的十八大以来，习近平总书记作出一系列重要指示，规划部署国家老龄事业发展和

---

[1] 《向全国各族人民致以新春的美好祝福 祝各族人民幸福安康 祝愿伟大祖国繁荣昌盛》，《人民日报》2023年1月19日。

养老体系建设，指出要"让所有老年人都能有一个幸福美满的晚年"①。习近平总书记在党的二十大报告中指出，要"实施积极应对人口老龄化国家战略，发展养老事业和养老产业，优化孤寡老人服务，推动实现全体老年人享有基本养老服务"②。截至2022年底，广东省60岁及以上户籍老年人口共有1621万人，占户籍总人口的16.1%。预计到2025年，广东省户籍人口老龄化系数将突破17%，到2030年将突破20%，进入中度老龄化社会。③面对社会老龄化现状，广东省高度重视养老服务工作，积极推进基本养老服务体系建设，面向不同类型的老年人提供物质帮助、照护服务、关爱服务、社会优待等服务项目，加快解决现阶段老年人急难愁盼问题。

一是在养老事业发展上，着眼养老服务高质量发展，从对象内容、有效供给、供给渠道、保障机制、质量监管、组织保障六大方面搭建基本养老服务体系制度框架。重点在老年助餐服务、适老化改造、特殊困难老年人探访关爱服务、养老机构护理型床位占比、乡镇（街道）综合性养老服务中心建设、养老护理员培训等方面加大力度，加快推动养老事业发展。例如，广东省聚焦老年人就餐实际困难，加快推进"长者饭堂"建设，构建覆盖城乡、布局合理、共建共享的老年助餐服务网络。截至2023年底，广东省共有3431家"长者饭堂"，老年助餐服务供给和送餐到户能力进一步提升，打造了一批运营良好、特色鲜明、带动力强的"长者饭堂"示范点。④不断推进适老化改造，对全省超过1500个小区进行全面适老化无障

---

① 《"把为老百姓做了多少好事实事作为检验政绩的重要标准"（总书记的人民情怀）》，《人民日报》2023年7月27日。
② 习近平：《高举中国特色社会主义伟大旗帜　为全面建设社会主义现代化国家而团结奋斗——在中国共产党第二十次全国代表大会上的报告》，人民出版社2022年版，第49页。
③ 《广东举行推进基本养老服务体系建设新闻公开会》，中华人民共和国国务院新闻办公室网站2023年11月22日。
④ 《2024年1月23日广东省省长王伟中在广东省第十四届人民代表大会第二次会议上作政府工作报告》，广东省人民政府门户网站2024年1月27日。

碍改造，既有住宅加装电梯近2万台。结合老旧小区改造和城市更新，安排专项资金1.7亿元，支持各地建设适宜老年人健身运动的社区体育公园430个。按照"一户一方案"的原则，根据老年人身体情况、居住环境和改造需求制定改造方案，2023年全省已为30088户特殊困难老年人家庭实施适老化改造，并将特殊困难老年人家庭适老化改造纳入2024年省十件民生实事。[①] 为提高养老机构护理型床位占比，广州不断加强家庭养老床位服务建设，已有超1.6万张智能化家庭养老床位被搬进了长者卧室，专业护老服务同时送进家门；佛山2023年将新增医养结合床位1000张，医养结合服务率达30%以上，创建老年友好型社区50个；深圳依托社区党群服务驿站，把家庭病床和居家养老床位"两床融合"项目推广到市民家门口；江门及时调整并公布医养结合补充保险"邑康保"项目定点机构名单。为了缓解城乡区域之间发展水平不均衡，农村地区养老服务市场化水平较低、有效供给还不充裕，粤东粤西粤北地区发展能力相对薄弱等问题，广东省多措并举深入实施"百县千镇万村高质量发展工程"，加大养老政策措施向粤东粤西粤北地区支持倾斜力度，加快促进养老资源要素有序流向农村地区，因地制宜分类保障城乡老年人的现实需求，一方面加快健全完善县镇村衔接的三级农村养老服务网络，另一方面加快推动建立对口协作与结对帮扶机制，全面推进城乡区域养老服务协调均衡高质量发展。

二是在养老产业发展上，充分发挥有为政府和有效市场的作用，完善落实推动养老产业发展的各项优惠扶持政策，鼓励引导多元主体积极参与提供基本养老服务。同时突出抓好智慧养老、旅居养老和湾区养老等，广泛吸引各类资源，推动企业和社会组织、个人提供高品质、多样化的养老服务，使之成为基本养老服务的有益补充，共同构建起多层次可持续养老

---

① 《广东省十件民生实事涉民政事项全面完成 下达困难群众救助补助超84.5亿元》，广东省人民政府门户网站2023年12月27日。

服务体系，提升养老服务发展整体水平。例如，高度重视医养结合相关工作，不断深化医疗保障制度改革，在完善基本医保、大病保险、医疗救助综合保障的同时，开展长期护理保险试点，为失能人员提供保障，将符合条件的养老机构内设医疗机构纳入医保定点协议管理范围，支持养老机构开展医疗服务，促进养老服务发展。对社会资本投资建设的非营利性养老机构，给予建设支持和运营补贴，对采用公建民营方式的，给予运营补贴。

（二）优化各项生育支持措施，不断满足幼有优育新要求新期待

习近平总书记在主持召开二十届中央财经委员会第一次会议时强调，"人口发展是关系中华民族伟大复兴的大事，必须着力提高人口整体素质，以人口高质量发展支撑中国式现代化"①。党的十八大以来，党中央高度重视人口问题，根据我国人口发展变化形势，作出逐步调整完善生育政策、促进人口长期均衡发展的重大决策，各项工作取得显著成效。2021年5月31日，中共中央政治局会议指出，进一步优化生育政策，实施一对夫妻可以生育三个子女政策及配套支持措施。全面两孩、放开三孩等政策的调整，对生育水平的一些积极影响有所显现，但总和生育率在"十四五"时期还将在极低水平波动。广东已连续三年成为全国唯一一个出生人口超100万的省份，优化各项生育支持措施，推进幼有优育刻不容缓。

一是实施更加积极的生育支持措施。为推动保持适度生育水平和人口规模，广东省实施更加积极的生育支持措施，建立生育支持政策体系。一方面，健全妇幼保健服务体系。2023年，广东省免费为超过50万名适龄妇女提供一次乳腺癌、宫颈癌筛查，提高妇女"两癌"早诊早治率，免费为

---

① 《加快建设以实体经济为支撑的现代化产业体系 以人口高质量发展支撑中国式现代化》，《人民日报》2023年5月6日。

64万名孕妇提供地中海贫血、唐氏综合征、严重致死致残结构畸形的产前筛查。结合"三孩政策",《广东省母婴保健管理条例》明确增加了危重孕产妇婴儿救治救助体系制度等规定,以适应"三孩政策"下高龄孕产妇增多的实际,为全省母婴兜住生命健康网。另一方面,完善生育休假和待遇保障机制。全面落实产假、配偶陪产假等政策,积极探索试行与婴幼儿照护服务配套衔接的育儿假、产休假。鼓励用人单位采取灵活安排工作时间、减少工作时长、实施远程办公等措施,为家庭婴幼儿照护创造便利条件。支持脱产照护婴幼儿的父母重返工作岗位,并为其提供信息服务、就业指导和职业技能培训。

二是扩大普惠性托育服务供给。一方面,加快教育基础设施建设,持续增强优质学位供给。截至2023年底,全省共有幼儿园21662所,在园幼儿共458.62万人,学前教育毛入园率达100%。公办园在园幼儿占比达53.99%(含购买学位26.9万个),公办园和普惠性民办园在园幼儿占比达87.86%。[1]建设21个城乡学前教育一体化管理资源中心,以乡镇中心幼儿园带动镇域内幼儿园开展教研活动、规范园所管理、提高办园质量。另一方面,加大学前教育资源投入力度,提升学前教育质量。广东省不断从经费、师资、课程等多方面为学前教育"加码"。省财政下拨学前教育建设专项资金,用于支持广东经济欠发达地区公办幼儿园和普惠性民办幼儿园新建、改扩建和改善办园条件。破解幼师缺口巨大难题,推动广东南华工商职业学院、深圳职业技术学院、惠州经济职业技术学院等13所高职院校开设学前教育专业,强化学前教育师资队伍建设,不断提升幼儿园教师队伍的专业素养。

三是加强儿童健康服务保障。为适龄儿童提供免费健康检查、生长发

---

① 《2024年1月23日广东省省长王伟中在广东省第十四届人民代表大会第二次会议上作政府工作报告》,广东省人民政府门户网站2024年1月27日。

育监测，以及加强儿童视力、口腔、孤独症筛查等医疗保健服务。完善县镇村三级儿童医疗服务网络，大力培养儿科医生，增加乡镇卫生院和社区卫生服务中心儿童基本医疗服务供给。完善儿童就医环境，以妇幼保健机构、儿童医院、综合医院儿科、基层医疗卫生机构为主体，建设一批尊重儿童、满足需求、保障权利的儿童友好医院。

（三）健全残疾人权益保障制度，全面促进残疾人事业发展

习近平总书记指出："残疾人是社会大家庭的平等成员，是人类文明发展的一支重要力量。"[①]残疾人事业是中国特色社会主义事业的重要组成部分，让广大残疾人安居乐业、衣食无忧，过上幸福美好的生活，是我们党全心全意为人民服务宗旨的重要体现，是我国社会主义制度的必然要求。广东省贯彻落实习近平总书记关于残疾人事业的重要指示批示精神及省委、省政府部署要求，把统筹发展城乡残疾人救助制度作为重大民生和政治任务，聚焦"两不愁三保障"要求，推进实施贫困残疾人危房改造、康复救助、家庭无障碍改造、职业教育、农村实用技术培训、基层党组织结对帮扶、社会力量扶贫等保障措施，为残疾人平等参与社会生活、实现个人全面发展创造更好条件。

一是为残疾人提供更稳定更高水平的基本民生保障。健全防止残疾人返贫动态监测和帮扶机制，不断完善残疾人社会福利制度，困难残疾人生活补贴和重度残疾人护理补贴基本实现目标人群全覆盖，同时建立补贴标准动态调整机制，补贴对象范围持续扩大；不断推进将残疾人纳入多层次社会保险范围，部分地市建立残疾人参加社会保险全额资助制度，全省正式实施企业职工基本养老保险病残津贴制度；不断增强残疾人社会救助的

---

① 《更加勇敢地迎接生活挑战　更加坚强地为实现梦想努力》，《人民日报》2014年5月17日。

兜底保障功能，2024年，广东省困难残疾人生活补贴、重度残疾人护理补贴标准在2023年的基础上分别从每人每月195元、261元提高到202元、270元，标准水平同比分别增长3.4%、3.6%。截至2024年5月，全省享受残疾人两项补贴162.32万人次，其中困难生活补贴42.48万人，重度护理补贴119.84万人，补贴标准和覆盖范围位居全国前列。[①]残疾人托养服务体系基本形成，社区康园中心建设更加规范化、品牌化、连锁化。

二是促进残疾人实现更高质量更充分就业创业。一方面，拓展残疾人就业渠道，全面推行用人单位按比例安排残疾人就业公示制度，部分地市探索建立用人单位岗位预留制度。将乡镇（街道）残疾人专职委员纳入公益性岗位管理，省财政对经济欠发达地区提供专项补贴。大力扶持盲人按摩行业发展，从省本级进行统一部署，将广东省盲人医疗按摩所纳入医疗保障定点管理，为盲人按摩师开辟了一条全新的就业道路。另一方面，扎实推进残疾人就业创业培训服务，举办广东"众创杯"创业创新大赛之残疾人公益赛，组队参加全国第六届残疾人职业技能大赛、全国残疾人岗位精英赛，激发残疾人积极性、主动性、创造性。

三是充分保障残疾人平等权利和合法权益。健全保障残疾人平等权利的法律政策体系，强化法治实施、法治监督和法治保障，形成党委依法领导、政府依法负责、残疾人组织依法发挥作用、残疾人依法办事的工作格局，提高残疾人事业法治化水平。加快推动残疾人权益保障相关法规规章的立法进程，先后制定或修订《广东省无障碍环境建设管理规定》《广东省实施〈中华人民共和国残疾人保障法〉办法》《广东省残疾人就业办法》。各级人民法院、检察院、司法行政等部门高度重视残疾人权益保障工作，建立重大案情协商机制，严厉打击侵害残疾人合法权益的违法犯罪

---

① 《残疾人两项补贴惠及160多万人次　广东补贴标准持续位居全国前列》，广东省人民政府门户网站2024年5月20日。

行为。省、市、县三级设立残疾人法律救助工作站，办理残疾人法律援助案件。各级残联切实做好残疾人信访维权工作，全面提升12385残疾人服务热线服务能力，全面开通网上信访，畅通残疾人信访渠道。

四是加快实施创新驱动和科技助残行动。一方面，提升残疾人服务的信息化水平。加强智慧残联建设，探索建立省残疾人大数据分析平台，实现将残疾人证基础信息纳入全省政务大数据中心。将残联政务服务内容纳入广东政务服务网、粤省事等省级数字政府建设相关平台，完成全省残疾人证电子证照全量签发。另一方面，强化残疾人服务中的科技应用。在省科技计划项目中支持康复、残疾预防、辅助技术等技术研发，促进相关产品推广应用。利用国家中小学网络云平台，发挥高校特殊教育专业优势，建设省级特殊教育资源中心，远程支持残疾学生居家学习和家庭教育。

（四）坚持"房住不炒"定位，加快建立"两多一并"住房制度

习近平总书记指出："加快推进住房保障和供应体系建设，是满足群众基本住房需求、实现全体人民住有所居目标的重要任务，是促进社会公平正义、保证人民群众共享改革发展成果的必然要求。"①经过长期努力，特别是党的十八大以来，我国住房保障体系不断完善，住房保障能力持续增强，帮助越来越多的住房困难群众改善了居住条件，为促进实现全体人民住有所居的目标发挥了重要作用。党的二十大报告指出："坚持房子是用来住的、不是用来炒的定位，加快建立多主体供给、多渠道保障、租购并举的住房制度。"②2023年12月11日至12日在中央经济工作会议上

---

① 《习近平谈治国理政》第1卷，外文出版社2018年版，第192页。
② 习近平：《高举中国特色社会主义伟大旗帜 为全面建设社会主义现代化国家而团结奋斗——在中国共产党第二十次全国代表大会上的报告》，人民出版社2022年版，第40页。

习近平总书记再次强调要"加快推进保障性住房建设、'平急两用'公共基础设施建设、城中村改造等'三大工程'"。广东省以加大保障性租赁住房供给为重点，继续推进公租房、共有产权住房和棚户区改造工作，进一步完善住房保障体系，增强保障性住房的适配性，加快解决城镇困难群众特别是新市民、青年人住房困难问题，更好发挥对惠民生、稳增长、防风险、促转型的积极作用，促进共同富裕取得新成效。

一是推进保障性安居工程建设。住有所居是民生保障的重要内容。经过几十年的快速发展，我国住房市场基本实现了供需平衡，但由于不同地区间、不同城市间经济社会发展水平、资源禀赋等存在差异，人民群众对住房改善的需求与住房市场供给之间还存在不平衡不充分的矛盾。在一些地方，房价过高，住房金融属性明显。实现住有所居的目标，最基本的就是要让房子回归居住属性。保障性住房是一项民生工程，更是民心工程，广东省推动重点城市加快筹建保障性租赁住房，2023年新增筹集建设保障性租赁住房不少于27.1万套（间），有效促进解决新市民、青年人等群体住房困难问题。发放城镇住房保障家庭租赁补贴不少于3万户。广东各地发布多条新政：广州出台《关于支持市场主体高质量发展促进经济运行率先整体好转的若干措施》，明确坚持"房住不炒"，支持刚性和改善性住房需求，优化统筹全年土地储备出让，2023年全市共筹建保障性租赁住房7.65万套，基本建成公租房4441套、共有产权住房4214套，发放租赁补贴18450户。全市老旧小区改造开工127个、完工59个，惠及9.5万户家庭、30.4万人。①深圳进一步提高住房发展"十四五"规划的任务目标，其中，建设和筹集保障性租赁住房由原目标40万套（间）调整为不少于60万套（间）。通过加大保障性住房建设筹集力度，降低居住成本，提升居

---

① 《广东：实施"扩优提质"工程，推动学前教育普及普惠安全优质发展》，广东省教育厅网站2024年5月24日。

住品质，满足新市民、青年人住房需求，让住房困难群众"住得进""住得好"。

二是推进建设宜居安全的居住环境。积极稳妥推进城镇老旧小区改造，补齐基础设施短板，完善小区居住功能，优化提升人居环境，加快建设完整居住社区，截至2023年底，新开工改造城镇老旧小区2000个。深入推进自建房安全隐患整治，规范经营性自建房用地、规划、建设和经营审批管理，建立健全闭环管理机制。常态化开展房屋安全隐患巡查，压实产权人和使用人房屋安全主体责任，对发现的问题房屋，采取停用封闭、除险加固、依法拆除等方式落实严密管控和销号整治，坚决遏止房屋安全事故发生。扎实推动农房质量安全风貌提升和农房建设试点行动，加强新建农房风貌管控，编制农房设计通用图集并制定农房风貌指引，推进存量农房微改造，强化农房建设质量安全监管，加强乡村建设工匠培训和管理，加强传统村落保护利用，推进绿色农房建设，探索装配式、光伏一体化等新型农房建造方式。

▼四　提高社会优抚工作精度

社会优抚是指国家和社会依照法律、法规给予优抚对象物质照顾和精神抚慰的一项特殊社会保障制度。社会优抚的对象包括中国人民解放军的现役军人（含中国人民武装警察部队现役指战员）、革命伤残军人、复员退伍军人、革命烈士家属、因公牺牲军人家属、病故军人家属、现役军人家属等。习近平总书记强调："中华民族是英雄辈出的民族，新时代是成就英雄的时代。全党全社会要崇尚英雄、学习英雄、关爱英雄，大力弘扬英雄精神，汇聚实现中华民族伟大复兴的磅礴力量。"①中央和国家机关、地方各级党委和政府支持国防和军队建设，做好退役军人安置、伤病残军人移交、随军家属就业、军人子女入学等工作；各级党委和政府关心老战士老同志和革命烈士亲属，让老战士老同志享有幸福晚年，让烈士亲属体会到党的关怀和温暖。做好退役军人管理保障工作，该保障的要保障好，该落实的政策必须落实，不能让英雄流血又流泪。广东省做实做细优抚工作，大力营造尊重关爱革命功臣的浓厚社会氛围，不断提升优抚对象的获得感、幸福感和荣誉感。

（一）统筹兼顾，健全优抚保障体系

优抚工作紧紧围绕优抚对象对美好生活的新期待，以维护优抚对象切身利益、保障优抚对象的合法权益为出发点，着力解决优抚对象的急难愁盼。一方面，建立与经济发展相协调、与社会进步相适应的优抚待遇增长机制，确保他们的生活水平随经济社会发展稳步提高，共享改革发展成果。2021年，中央和广东省财政投入抚恤补助资金约27.5亿元，惠及近41万名优抚对象。投入医疗补助资金1.47亿元，帮助符合条件的优抚对象参加医疗保险和建立补充医疗保障，落实医疗优惠待遇。完成3.1万名残疾人员新版残疾人员证件换发工作。全年办理残疾等级评定1572人，配置残疾辅助器具51人。②制定《广东省落实烈士遗属定期抚恤待遇工作制度（试行）》《广东省烈士遗属档案管理办法（试行）》，保障烈属合法权益。组织"关爱功臣送医送药"和短期疗养活动，投入500余万元，为1.11万名烈属、革命功臣检查身体、建立健康档案、送医送药，组织2092名优抚对象参加短期疗养。组织开展走访慰问烈属等革命功臣活动，全省走访慰问

---

① 习近平：《论中国共产党历史》，中央文献出版社2021年版，第72页。

② 《列出实事清单 拿出真招实措》，中华人民共和国退役军人事务部网站2023年10月17日。

烈属1.05万人。落实保障经费动态增长和优抚标准提标机制，强化优抚工作区域协调机制，逐步缩小地区差异。南部战区总医院结对帮扶省第一、第二、第三荣誉军人康复医院和肇庆市复退军人医院，推动优抚医院诊疗能力和建设水平有效提升。另一方面，优化安置机制，拓宽安置渠道，规范安置程序，提升服务水平。退役军人是建设中国特色社会主义的重要力量。习近平总书记强调："军转干部是党和国家的宝贵财富，我们要倍加关心、倍加爱护。"[①]2021年，广东省通过"直通车"、双向选择、积分选岗、考试考核和指令性分配相结合的安置措施办法，完成国家下达的转业军官接收安置任务，安置到公务员（参公）岗位比例超过90%。健全省属国有企业岗位归集审核制度，加强国有企业岗位计划审核和岗位结构比例指导，妥善安置1000多名政府安排工作退役士兵（含退出消防员）。突出尊崇关爱，完成35名伤病残退役士兵接收安置。

（二）加强协作，建立高效联动机制

优抚工作是为党争取民心、稳定民心、凝聚民心的工作。广东省坚持行政部门履行主体责任、服务体系发挥重要作用、社会力量作为必要补充，充分调动各方面的资源优势，加强军地之间的无缝衔接，统筹中央和地方的协同推进，推动政府和社会共同发力，形成顺畅高效的工作运行机制，切实凝聚推进优抚工作的强大合力。

一是加强宣传，提高站位。加大优待抚恤政策的宣传力度，充分发挥各级各部门和新闻媒体作用，形成上下联动、内外互动的宣传格局。从讲政治的高度出发，切实负起责任，把社会优抚工作作为一项重要而紧迫的任务抓紧抓好，共同营造"拥军优抚"的浓厚氛围。

---

① 《到党和人民最需要的地方建功立业 为"两个一百年"奋斗目标作出新贡献》，《人民日报》2014年5月28日。

二是强化部门协同，增强工作合力。进一步建立健全在政府统一领导下，退役军人事务部门统筹协调，发改、教育、财政、人社、住建、医保等部门各司其职、密切配合的工作机制，建立完善优抚工作信息共享机制，有序推进优抚工作走上法治化、规范化轨道。

三是鼓励社会力量参与社会优抚工作，优化优抚工作格局。鼓励、引导社会力量参与优抚工作，完善政府与各类社会组织的协同机制，通过政府购买服务、税费金融优惠、签订"服务协议"、搭建协作服务平台等形式，支持引导社会力量有序有效参与社会优抚工作，推动形成政府主导、各方参与、方式多元、渠道多样的优抚工作格局。

（三）用好优惠政策，提升优抚安置质效

就业是最大的民生，是满足广大退役军人美好生活需要的重要途径。近年来，广东多措并举、精准施策，以精准化服务为退役军人提供施展才干的广阔舞台，用好用足优惠政策，提升退役军人就业竞争力，积极搭建创业创新平台，多维度做好促进退役军人就业政策宣传，引导退役军人在服务经济社会发展中实现人生价值。

一是建立健全教育培训体系，实施"戎归南粤"就业创业工程。省退役军人事务厅等五部门出台《广东省退役军人事务厅等5部门关于进一步做好退役士兵教育培训工作的实施办法》，坚持政府主导、社会支持，建立健全教育培训体系，从退役军人融入社会"第一步"起，提供高质量的教育培训。从落实情况看广东省率先组织全员适应性培训，4.2万名自主就业的退役士兵完成全员适应性培训，8.7万名退役军人入读中高职、参加本科学历提升，4.8万名退役军人实现高质量就业。截至2023年6月，广东财政已发放3.3亿元支持退役军人学历教育，入读中高职、参加本科学历提升

退役军人超10万人。①构建退役军人就业创业服务和失业退役军人服务两个数据信息平台，搭建专场招聘平台，开启全省"互联网+就业"云端招聘新模式。广东还建立"广东省退役军人农业双新双创服务中心"，打造"广东军创"品牌，开设乡村振兴"双新双创"培训班，提供农业技术、培训、信息、孵化、金融、商贸等全链条、一体化的双创服务。通过连续三届举办广东省退役军人创业创新大赛，广东发掘出一大批优质项目，新增退役军人市场主体超过5万家，并在各大博览会、交易会上设立军创专区，助力企业产销融合、走向市场。

二是组建退役军人志愿服务队，积极投身地方经济社会建设。广东因地制宜发挥军休干部先锋作用，鼓励军休干部发挥专业特长优势，在基层治理、国防教育、乡村振兴、关心下一代等方面发挥作用。截至2023年6月全省已有10个地级以上市组建了19支军休志愿服务队，开展活动350余场次。广东组建退役军人志愿服务队13327支，35.8万名退役军人志愿服务者参与；全省22978名退役军人进入村（社区）"两委"班子，其中4337人当选为"兵支书"。②充分发挥退役军人政治信念坚定、使命责任强烈、作风素养过硬独特优势，推动退役军人成为"五种力量"，凝聚起强国兴军的磅礴力量。

---

① 《广东省退役军人事务厅：重点优抚对象抚恤补助标准保持增长》，中国新闻网2023年6月19日。
② 《列出实事清单　拿出真招实措》，中华人民共和国退役军人事务部网站2023年10月17日。

第四章

打造特色优质卫生医疗服务体系 推进"健康广东"建设

　　党的十八大以来，人民群众对卫生健康的需求提高，社会老龄化等问题也对卫生医疗服务提出了更高的要求。如何依托广东地理、政策等优势打造优质的卫生医疗服务体系，满足人民群众日益增长的对于生命健康的多层次需求，是广东面临的任务和挑战。习近平总书记指出，人民健康既是民生问题，也是社会政治问题。近年来，广东深入贯彻党中央关于实施健康中国战略的决策部署，将保障人民健康放在优先发展的战略位置，坚持医药卫生体制改革，加强医疗卫生服务体系建设，人民群众的健康获得感、幸福感不断增强。广东省在卫生医疗服务体系上不断"补短板、堵漏洞、强弱项"，着力强化公共卫生体系建设，持续促进优质医疗资源下沉，筑牢重大传染病防控"第一防线"，有力保障了全省居民的生命安全和身体健康。

　　进入新发展阶段，人民群众对卫生健康的需求更加丰富多元，人口老龄化和疾病谱变迁等也对医疗卫生服务体系提出了更高的要求和挑战。高质量发展是广东现代化建设的首要任务和总抓手，进一步完善医疗卫生服务体系是卫生健康高质量发展的本质要求。广东省深入贯彻落实党中央、国务院的决策部署，进一步夯实保障人民群众健康安全的体系基础，按照省委"1310"具体部署要求，打造优质高效的整合型医疗卫生服务体系，促进人人享有更高品质的全生命周期卫生健康服务。

一 加强统筹发展，促进资源扩容和配置优化

医疗资源作为一种公共资源，是关系人民群众身体健康的重要设施工程。中国人多地广，医疗卫生资源的数量和分配是我们面对的重大问题之一，解决好医疗资源与人民群众的矛盾问题刻不容缓。党的十八大以来，广东省推进医疗卫生体制改革，优化医疗卫生资源布局，提高优质医疗资源覆盖率和服务效率，在床位资源配置、人力资源配置、技术和设备配置以及信息数据资源配置上都取得了成就，进一步满足居民日益增长的卫生服务要求。

（一）注重卫生健康人才引进，完善人力资源配置

人才是第一资源。人才问题是关系党和国家生存与发展的关键问题。医疗机构人才资源的配置在医疗卫生事业的发展过程中起到基础性和战略性作用。广东省坚持发展壮大医疗卫生队伍，深化职称评价制度改革，充分调动医务人员积极性创造性，提升医疗卫生科技创新水平，进一步增强重大疾病防治和健康产业发展的支撑能力。

《2022年广东省医疗卫生资源和医疗服务情况简报》显示，截至2022年底，全省医疗卫生机构在岗职工111.2万人，与上年相比，职工总量增加4.9万人，增长4.6%。全省医疗卫生机构中，高级职称在岗职工9.5万人，本科及以上学历在岗职工46.7万人，分别较上年增加0.3万人、3.3万人。卫生技术人员中，拥有高级职称人数9.0万人，占卫生技术人员总数的9.8%；拥有本科以上学历40.9万人，占卫生技术人员总数的44.6%。[①]无论从在岗

---

① 《2022年广东省医疗卫生资源和医疗服务情况简报》，广东省卫生健康委员会网站2023年9月12日。

职工总人数、千人口指标还是学历职称，都能看到广东医疗机构人才资源的逐渐丰富以及高质量发展。广东省的医疗机构人力资源规模不断扩大，数量稳步增长，人才素质也在不断提高。这为广东省的医疗卫生事业发展提供了有力的人才保障。广东省卫生健康人才结构也在不断优化，广东积极推进医疗人才多元化发展，积极引进高层次人才。此外，广东省加强医学院校建设、开展医疗卫生培训、实施医疗卫生人才定向培养计划等措施，培养了大批优秀的医疗人才。在卫生健康人才管理方面，广东省积极落实人才激励保障政策，为调动卫生健康人才积极性提供有效保障。广东省在医疗卫生人才资源方面取得的显著成就，离不开政府、高校、医疗机构和广大医务工作者的共同努力。

在新征程上，广东省加强重视高层次卫生健康人才建设，促进人才资源合理配置。建立健全人才引进体系，建立适应现代化疾控体系的人才培养使用机制，建强基层卫生人才队伍，实施卫生健康人才培养强基工程，提升基层卫生人员服务能力和专业素养。持续通过定向培养、转岗培训、在岗培训、对口帮扶、专项招聘等措施，"一县一策"解决基层人才短缺问题，依托地域特色，推进中医药特色人才培养工程等项目建设，实施葛洪中医药人才计划，夯实基层中医药人才队伍，落实人才激励保障政策，深化卫生健康人才体制改革，落实"两个同等对待"政策，推动建立适应行业特点的人才培养和人事薪酬制度。① 未来，广东省将继续加强医疗卫生人力资源的开发和管理，为人民群众提供更加优质的医疗服务。

（二）稳固基础性设备建设，优化卫生医疗技术配置

党的十八大以来，广东省加大财政投入和政策支持力度，医疗设备

---

① 《中共广东省委 广东省人民政府 关于推进卫生健康高质量发展的意见》，广东省人民政府门户网站2023年4月20日。

基础性建设不断丰富完善。广东省医疗设备数量和质量都有了显著提升。《2022年广东省医疗卫生资源和医疗服务情况简报》显示，截至2022年底，全省医疗卫生机构拥有万元以上设备112.0万台，比上年增加12.8万台（增长12.9%），其中：10万～49万元设备22.3万台、50万～99万元设备3.6万台、100万元及以上设备3.6万台。[①]设备的引进和应用极大地提高了医疗服务的质量和效率。此外，为了确保医疗设备的安全和有效性，广东省健全完善医疗设备监管体系，加强了对医疗设备的注册、使用、维护等环节的监管。广东省还积极推行医疗设备质量控制和安全管理体系建设，提高了医疗设备管理的规范化和专业化水平。

为解决医疗技术中"卡脖子"问题，广东省推进建设实施医疗卫生建高地工程，集中高水平医院优势资源，推进国家医学中心、国家区域医疗中心和国家临床重点专科群建设，对标国际一流、国内最优。加快建设呼吸、肾脏、肿瘤、心血管、精准医学等领域国际医学中心，打造国际知名、辐射亚洲、具有中国特色的医疗中心，加强院企合作，探索药物、器械、医疗服务领域合作。

在新征程上，在确保基础医疗设备科学配置的前提下，继续强化医疗卫生技术创新发展，全面开展临床研究规范管理试点，推动建立临床研究联盟，协同开展临床医学、公共卫生领域关键核心技术科研攻关。优化医疗卫生机构科技创新和成果转化体制机制，指导广州、深圳率先开展提升高水平医院临床研究和成果转化能力试点。加大生物医药领域科研项目立项支持力度，强化政企合作，协同推进临床研究成果转化。

---

① 《2022年广东省医疗卫生资源和医疗服务情况简报》，广东省卫生健康委员会网站2023年9月12日。

（三）以便民服务为导向，健全互联互通信息数据资源配置

广东省推进新一代信息技术在医疗卫生健康行业深度应用创新发展，推进建成国家"互联网＋医疗健康"示范省。加强建设健康医疗新型基础设施，增强数字健康发展能力，依托电子政务外网，整合各级各类基础网络资源，建设全省统一的健康医疗业务网络，健全权威统一的省市二级全民健康信息平台，推进电子健康档案与电子病历、公共卫生服务信息的对接联动。完善"互联网＋医疗健康"服务监管平台，推动"互联网＋医疗健康"规范有序发展，在二级以上医院普遍开展以数据为核心的智慧医院建设，发展智慧服务、智慧临床、智慧管理，优化智慧医疗服务流程，提供线上线下无缝衔接的连续服务，加强智能化早期预警能力建设，提高公共卫生服务数字化、智能化水平。

广东省继续依托互联网，落实好人民群众诊疗服务的连续性，提升就医过程便捷性。开展卫生健康"指尖行动"，二级以上医院全面推行预约诊疗制度，推广诊间结算、移动支付、线上查询、药物配送等服务。开展"互联网＋"护理、托育、养老、心理健康、中医药服务。建设全省医疗机构检查检验结果互认共享平台，预计到2025年，二级以上公立医院和有条件的基层医疗卫生机构实现检查检验结果跨机构互认共享。持续推进"出生一件事"集成化办理上线服务，持续推动预防接种规范化管理，优化公共卫生服务管理系统，优化跨省异地就医直接结算服务体系。

例如，佛冈县在深化医药卫生体制改革中实现重大机制创新，为佛冈县县域医疗卫生体系跨越式发展注入新动力。佛冈县人民医院与中国移动清远分公司签订《关于共建5G+智慧医院及医共体的战略合作协议》，推进智慧医疗平台的搭建，构建智慧医疗公共服务体系，建立科学有效的远程会诊、远程教学、远程影像等协作机制。合作达成推动以二甲县级医院

为龙头，以乡镇卫生院、村级医疗服务机构为延伸的医疗服务体系，优化配置佛冈县镇村三级医疗资源，推动人、财、物的统一和高效管理，使优质医疗资源下沉，力求均衡布局，以全面提升基层智慧医疗服务质量和水平，切实改善佛冈县人民就医体验。目前县域医共体信息化平台已投入运行，2023年1—9月，远程心电会诊4334例，远程影像会诊1300例，实现医共体医疗资源上下贯通、信息互通共享。

在新征程上，广东省继续深入实施卫生健康数字化转型攻坚行动，深入推进"互联网+医疗健康"示范省建设。完善全民健康信息服务体系建设，构建互联互通的全民健康信息平台。加快推进紧密型医疗联合体内信息系统统一运营和互联互通，加强数字化管理。建强数字化公共卫生服务体系，依托全民健康信息平台和省智慧化多点触发疾病防控预警系统，对接联通"一网统管"粤治慧省域治理数字化总平台，实现对传染病疫情和突发公共卫生事件的快速响应和高效调度处置。加强医疗数据安全保障和个人信息保护，推进居民健康档案应用。

（四）缩小区域医疗资源差距，促进大湾区医疗卫生融合发展

广东省统筹建设一批省级区域医疗中心，给予政策倾斜和资金支持，发挥各地高水平医院辐射带动作用，加快推进粤东粤西粤北地区省级区域医疗中心的建设。整合医学学科资源，建设一流医学学科，在恶性肿瘤、心脑血管疾病、免疫性疾病、代谢性疾病、感染性疾病等领域取得标志性成果。建成一批国家临床教学培训示范中心和省级临床重点专科，以打造广州、深圳医疗高地为牵引，带动建设国际化高水平健康湾区。鼓励发展受限的中心城市三甲医院向粤东粤西粤北地区扩容并实现集团化发展。

此外，广东省持续推进粤港澳大湾区卫生健康协调发展和粤港澳传染病联防联控机制创新，探索打通卫生健康方面的机制性障碍，鼓励港澳服务提供主体按规定以独资、合资、合作等方式设置医疗机构，支持粤港澳三地共建区域医疗联合体和区域性医疗中心，探索建立与国际接轨的整合型医疗卫生服务体系，合作布局建设一批重点专科专病群，完善区域内重症传染病人会诊机制和紧急医疗救援联动机制，探索在指定公立医院开展跨境转诊合作试点，建立湾区医学人才协同培养机制、高层次卫生人才库等。鼓励港澳具有合法执业资格的注册医疗专业技术人员来粤短期执业，建立粤港澳大湾区中医医疗联合体和中医医院集群，提供覆盖粤港澳居民全生命周期的中医药服务，稳步推进粤港澳大湾区内地指定医疗机构为湾区居民提供高水平的医疗用药用械条件，加强湾区药品医疗器械监管创新发展工作，搭建海外医学交流平台，加强与具有国际先进水平的医疗、科研机构的互利合作，学习、借鉴发达国家医疗先进技术和管理理念，助力高水平医院建设和国际化医学人才培养，加强与世卫组织西太区及"一带一路"沿线国家的卫生健康交流与合作。深入开展卫生援外工作，积极探索援外创新模式，塑造广东援外新品牌。[①]

▼二 完善疾病预防控制体系，加强公共卫生体系化建设

公共卫生服务体系作为国家公共服务的重要组成部分，在维护和促进国民健康上起着重大作用。广东省在公共卫生服务体系的建设方面，积

---

① 《广东省卫生健康事业发展"十四五"规划》，广东省人民政府门户网站2021年11月11日。

极推进相关工作的开展。广东省高度重视公共卫生服务体系的基础设施建设，通过制订科学合理的规划，加大投入力度，不断提高疾病预防控制和医疗救治的能力。坚持推进卫生应急管理体系的现代化建设，建立健全重大疫情救治体系，促进医防协同机制的发展。通过优化医疗卫生资源配置，加强基层医疗卫生服务体系建设，提高基层医疗卫生机构的服务能力和水平，使得广大群众能够更加便捷地获得优质的医疗卫生服务，进一步提升了人民的健康水平和生活质量。广东省在公共卫生服务体系建设方面取得了显著成就，为保障人民健康和福祉作出了重要贡献。

（一）提高风险评估能力，推进疾病预防控制体系现代化建设

广东省坚定不移贯彻"预防为主"方针，坚持防治结合，优化重大疾病的防治策略，强化重大传染病和地方病防控，实施慢性病综合防控，健全精神卫生和心理健康服务体系，重点疾病得到有效控制。

面对突发急性传染病，广东省建立完善智慧化预警多点触发机制，健全多渠道监测预警机制，增强风险评估能力，分区域分等级评估突发急性传染病风险，实施分级分类防控。完善联防联控、群防群控模式，推动专业防控和社会力量参与有机结合；对于慢性病综合防控，发挥慢性病综合防控示范区的示范引领作用，控制危险因素，营造健康支持性环境，加强对目标人群的基本功能检查监测，强化重点癌症的筛查和早期发现，加强慢性病患病风险评估和随访管理服务，提高早诊率及规范化治疗水平，探索完善医保政策，加强二级以上医院与基层医疗卫生机构的用药衔接，促进分级诊疗、社区首诊，推动慢性病防治工作重心下沉。预计到2050年，总体癌症 5 年生存率提高到43%以上，全民健康生活方式行动县（区）覆盖率达95%，国家慢性病综合防控示范区所有地市覆盖率达100%。此外，

广东省在精神卫生与心理健康服务领域持续发力，致力于构建更为健全的服务体系。为进一步完善精神卫生体系，充分发挥省级精神卫生机构的引领作用，着力加强广州、深圳等地高水平精神专科医院的建设。同时，注重提升粤东粤西粤北地区及县级精神卫生机构的防治水平，加强基层精防人员的专业培训。优化基层精神卫生综合管理小组和关爱帮扶小组的运行机制，全面推广长效针剂的应用。在心理健康服务方面，广东省持续加强全省心理健康服务网络建设，建立健全心理健康服务与社会心理服务体系和工作机制。推动各相关部门形成协同管理工作格局，鼓励社会力量积极参与，促使单位、家庭及个人共同承担责任，形成合力，确保服务质量和效果。①

在新征程上，广东省坚定不移地推进疾病预防控制体系的现代化进程。稳慎推进疾病预防控制体系改革，理顺体制机制，明确功能定位，提升专业能力，并构建起防治结合、全社会协同的疾病预防控制体系。将推进广州实验室、呼吸疾病国家重点实验室等重要平台的建设，致力于提升重大传染病流行规律及科学防控的研究能力。积极支持创建国家区域公共卫生中心，并建设流行病学、病原学检测和公共卫生医师培训基地。不断推进省级区域公共卫生中心的建设，并持续提升公共卫生实验室检测和应急处置能力。在完善传染病疫情和突发公共卫生事件的监测预警处置机制方面，建立起智慧化的预警多点触发机制，从而显著提高重大疫情的"早发现"能力。同时，依托世界卫生组织新发传染病合作中心，深化在新发传染病监测与控制、实验室检测、突发疫情应急处置及培训等领域的对外交流合作。广东省不断提升疾病预防控制体系的现代化水平，为保障人民群众的健康福祉作出积极贡献。

---

① 《广东省卫生健康事业发展"十四五"规划》，广东省人民政府门户网站2021年11月11日。

（二）完善卫生应急管理体系，有效防范重大公共卫生事件

完善卫生应急管理体系，有效预防、控制、化解和消除重大急性传染病等公共卫生事件，既是法定职责的落实要求，也是巩固国家应急管理体系的基础工程，其意义深远，任务艰巨，是维护人民生命安全和身体健康的紧迫需求，同时也是优化国家治理体系、提高国家治理能力的必然要求。自党的十八大以来，党中央将公共卫生防疫和重大传染病防控视为国家治理体系和治理能力现代化的重要内容。新冠肺炎疫情的复杂性和艰巨性空前，其对经济社会发展的冲击和全球化的影响也前所未有，广东省在冷静应对疫情的同时，也深刻反思，进一步优化公共卫生应急管理体系，为提升卫生健康治理能力提供坚实的制度保障。建立健全强大的公共卫生应急管理体系，才能紧密编织"防护网"，扎实构建"隔离墙"，为人民的健康提供有力保障。这是应对和防范重大风险挑战，维护国家安全的重要措施。

近年来，广东省公共卫生应急管理队伍建设水平显著提升，公共卫生应急制度体系建设不断完善。广东省公共卫生应急管理队伍的建设水平近年来得到了显著提升，相关部门对应急管理的重要性有了更深刻的认识。在面对疫情、病毒等公共卫生危机时，一支高效、专业的应急管理队伍能够迅速采取措施，有效遏制疫情的蔓延，保障人民的生命安全。与此同时，广东省公共卫生应急制度体系建设也日臻完善。应急管理制度的建设涵盖预案制定、应急指挥、物资储备、科技支撑等多个方面，旨在形成一套快速响应、协调有力的公共卫生应急管理体系。在这个体系中，各级政府部门、卫生防疫机构、医疗机构等密切协作，共同应对公共卫生事件。在应对疫情等紧急情况时，专业化的应急队伍能够迅速展开工作，为疫情防控提供有力支持。在公共卫生应急制度保障下，各部门之间的协作

更加顺畅，应对公共卫生事件的效率得到大幅提升。此外，广东省还注重科技创新在公共卫生应急管理中的应用。通过发展大数据、人工智能等技术，为公共卫生应急管理工作提供科技支撑。这使得广东省在应对公共卫生事件时，能够充分利用现代科技手段，提高预警、监测、防控等方面的能力。

广东省在公共卫生应急管理队伍建设和应急制度体系建设方面取得的显著成果，不仅为广东省的经济社会发展提供了有力保障，也为全国其他地区提供了宝贵的经验。在未来，广东省将继续加大公共卫生应急管理体系建设力度，为人民的安全与健康保驾护航。公共卫生应急管理体系建设的有关制度逐渐建立健全，但就目前而言，公共卫生应急管理体系建设仍要继续发展壮大。健全公共卫生应急管理体系，是一项整体性、系统性、协同性很强的改革任务，既要强化体系建设，又要着力从制度机制层面理顺关系、强化管理，依法、规范、有序推进。公共卫生应急管理体系建设要能得到高校、政府以及广大人民群众的积极回应，使得公共卫生应急管理体系在社会生活中起到真正的效果。为了进一步实现广东省公共卫生应急管理体系建设的高质量发展、适应社会发展以及满足人民群众发展诉求，还须继续完善公共卫生应急管理体系建设法律法规，加大公共卫生应急管理体系建设法律监督力度，提高公共卫生应急管理体系建设智能化水平以及加大公共卫生应急管理体系建设资源投入力度。

（三）坚持"平战结合"原则，健全重大疫情救治体系

广东省致力于构建完善分级、分层、分流的重大疫情救治机制。在遵循"平战结合"原则的基础上，以传染病定点救治医院为核心，发热门诊和发热诊室为预警空间，构建了省、市、县三级重大疫情医疗救治体系。为推动重大疫情救治能力提升，广东省加强传染病定点救治医院的建设，

提升综合学科、感染病科以及重症救治专科能力，进一步提高危急重症救治水平。此外，在市一级加强传染病救治基础设施建设、物资储备以及重症监护病区建设，推动基层医疗机构规范化发热门诊的设立，规范预检分诊管理。为应对疫情输入，广东省强化口岸城市医疗服务网络，提升应对能力。同时，强化公共设施平急两用改造，确保具备快速转化救治和隔离场所的基本条件。在此基础上，完善医疗废物收集、转运、处置体系，提升医疗废物集中处置能力。

在新征程上，广东省持续强化重大疫情应急物资储备一体化制度建设。确保重大疫情救治物资的充足准备，借鉴军民融合的策略，提前进行规划和部署，实现常态化与应急性物资储备制度的有机衔接。通过合同储备、产能储备和实地储备三个方面的整合，推动企业获得生产救治物资的生产许可证和技术储备，全方位保障重大疫情医疗救治物资的供应。同时，还须推进重大疫情救治专业人才队伍的建设。提升传染病救治人才的数量和质量，平衡应急状态与常态化下传染病救治人才的职能工作，构建可持续的人才培养体系。加强医疗机构公共卫生责任，提升医护人员传染病救治及防护知识技能，以感染性疾病科为重点，组建一支多学科、多科室的高水平应急救治专业人才队伍。建立与疾病预防控制机构的协作网络，实现传染病防控专业人员的资源共享。此外，还须落实医疗机构重大疫情救治能力建设。2020年5月，国家发改委联合国家卫生健康委、国家中医药管理局印发《公共卫生防控救治能力建设方案》，强调要关注重大疫情防控救治能力的短板，调整优化医疗资源布局，提高平战结合能力，集中力量加强能力建设。在新形势下，医疗机构重大疫情救治能力建设的实施须具备弹性，既要满足常态化诊疗需求，也要应对重大疫情暴发时患者数量激增的现实需求。同时，医疗机构应积极探索构建中医药应急救治长效机制，集中优势力量建立中医药应急队伍，发挥中医药特色优势，提升医疗机构中医药应急救治能力。医疗救治能力是应对重大疫情的关键抓手，也是保障人民生命健康的强大后盾。在提高医疗水平和投入高精尖医疗设备的同时，我们更要关注医疗救治能力的提升。[①]

（四）创新医防协同机制，兜底全民健康保障

在抗击新冠肺炎疫情中，全国人民付出了巨大努力，取得了重大战略成果，与此同时也暴露出我国在重大疫情防控体制机制、公共卫生体系建设等方面存在的短板和弱项。国家疾病预防控制局正式挂牌，意味着疾控机构职能从预防控制疾病向全面维护和促进全民健康转变，医防协同已经成为共识。习近平总书记在2020年6月主持召开专家学者座谈会时指出："要创新医防协同机制，建立人员通、信息通、资源通和监督监管相互制约的机制。""十四五"优质高效医疗卫生服务体系建设实施方案也提出要"关口前移，医防协同"。

广东省致力于深入推进医疗机构与公共卫生机构的紧密合作，构建人才流动、服务整合、信息共享的机制，强化对居民健康风险因素的监测、分析、评估和干预。二级以上医疗机构统筹负责公共卫生工作的相关科室，县域医共体应构建完善的公共卫生管理协调机制，确保疾病预防控制工作的有效实施。试点县级疾控机构在保持机构名称、性质、编制、法人资格、职责任务、政府投入等不变的基础上，融入县域医共体的发展，实施社区疾病预防控制片区责任制，完善基层疾病防控网格化体系，建立公共卫生医师赴医疗机构进修临床知识的机制。此外，广东省积极鼓励临床医师参与预防保健工作，强化全科医生队伍建设，为居民提供公共卫生、基本医疗和健康管理相结合的服务。

---

① 林锦慧、李婷、石曾萍等：《基于文献研究的重大疫情医疗救治体系优化策略》，《中国医院》2023年第8卷第27期。

在全面建设社会主义现代化国家的新征程中,广东省持续推动医防协同新体系的构建与发展。通过建立公共卫生机构和医疗机构的协同监测机制,完善多渠道监测预警体系,强化基层哨点功能,提升实验室检测网络的效能,以及加强传染病监测能力的培育,为公共卫生安全保驾护航。在卫生应急队伍建设方面,实行分级分类管理,覆盖形势研判、流行病学调查、医疗救治、实验室检测、社区指导、物资调配等多元领域,以全面提升应对突发公共卫生事件的能力。为提高人民群众的公共卫生认知水平和自救互救能力,对基层卫生人员进行知识储备和培训演练,加强卫生应急知识的宣传教育。同时,强化专业医生的防控意识,提升防控人员的医学常识,确保一线人员具备医防协同理念,推动医防协同措施的落实。此外,积极探索基层医防协同和医防融合的发展路径,研究医保和公卫资金的统筹使用,提高基层医疗支付比例,实现公共卫生服务和医疗服务的有效衔接。同时,建立以健康结果为导向的考核和服务模式,实施针对医防融合的标准化绩效考核,为全民健康提供有力保障。

▼三 深化体制机制改革,提高医疗卫生服务现代化水平

医疗卫生服务体系的发展离不开体制机制的改革,医疗体制机制改革是当前我国医疗卫生事业发展的重要内容。党的十八大以来,广东省从多个方面进行深化和完善医疗卫生服务体制,并取得了一定的成效。广东省在医疗体制改革中,坚持"放管服"改革的措施,简化医疗服务流程,提高医疗服务效率。广东省还注重整合医疗资源,提高医疗服务的整体水平。此外,广东省还推动了医保支付方式的改革,探索实施按病种付费和

按人头付费等多种支付方式，促进医疗资源的合理利用。通过推动医疗体制机制改革，提高医疗服务的质量和水平，满足人民群众日益增长的医疗卫生需求。

（一）整合医疗服务体系，建立分级诊疗秩序

分级诊疗制度作为我国基本医疗卫生制度之首，是完善医疗服务体系的关键。习近平总书记在考察福建省三明市时，明确指出要实现大病重病在本省解决、常见病多发病在市县解决、头痛脑热在乡村解决。广东省作为我国医疗卫生事业的排头兵，始终坚持优化医疗资源配置，提升基层服务能力，构建了"顶天立地"的医疗卫生服务格局。

近年来，广东省在分级诊疗制度实施方面取得了显著成效。通过建立公立医院高质量发展政策体系、高水平诊疗服务体系、高标准管理制度体系和高效率应急救治体系，广东省市域内住院率、县域内住院率分别稳定在95%、85%左右，基本实现"大病不出县"。在国家"十三五"时期分级诊疗建设第三方评估中，广东省更是排名第一。广东省在分级诊疗制度的推进中，充分考虑了人民群众的多层次、多样化健康需求。通过建立分级诊疗秩序，不仅提高了医疗服务效率和质量，还为患者提供了更加精准、高效、便捷的医疗服务。此举有效缓解了医疗资源紧张和医患矛盾等问题，进一步提升了人民群众的健康获得感和满意度。

例如，佛冈县紧紧把握县域医共体建设契机，整合医疗资源，优化布局，持续完善医疗卫生基础设施，积极推动紧密型医共体信息化建设，将优质医疗资源下沉至基层，有力推动实现佛冈人民群众"以较低费用获得优质医疗服务，在家门口就能看病"的迫切需求，取得了显著成果。在紧密型县域医共体建设中，佛冈县人民医院作为牵头总院，联合佛冈县中医院、县妇幼保健院、县慢性病防治医院、11家镇级卫生院以及78家一体

化村卫生站，构建起医共体分院，实现县—镇—村医疗卫生服务一体化管理。佛冈县积极推进医疗资源纵向整合，县人民医院与县中医院联合组建专家团队，与基层分院共建11间联合门诊和2间联合病房，开展基层查房、临床带教指导等定期服务，初步构建起分级诊疗格局。此外，佛冈县还深化省人民医院对县人民医院、省第二中医院对县中医院以及广州中医药大学对水头镇卫生院的"组团式"紧密型医疗帮扶，通过专家入驻模式，推动资源下沉和医疗技术提升。在巩固78家一体化村卫生站标准化规范化建设的基础上，佛冈县启动就诊和远程会诊流程，提升县—镇—村三级医疗服务能力和效率。

2023年11月广东省人民政府办公厅发布了《广东省进一步完善医疗卫生服务体系的实施方案》，强调巩固分级诊疗建设成果，构建整合化服务体系。①方案提出，要优化家庭医生签约服务、加强城市医疗集团建设、推进县域医共体建设、创新医防协同机制、加强医养结合、扩大接续性服务供给、促进中医药传承创新发展，以构建有序的就医诊疗格局。强调要紧扣服务"第一要求"，优化家庭医生签约服务，持续健全以全科医生为主体，全专结合、医防融合的家庭医生签约服务模式，推动上级医院将至少30%的门诊号源、1/4的住院床位向家庭医生签约服务团队下沉。加快建设肿瘤防治、慢病管理、微创介入、麻醉疼痛诊疗、重症监护等五大"临床服务中心"。优化公共卫生服务，创新医防协同机制，完善接续性服务体系，扩大康复医疗、老年护理、残疾人护理、母婴护理及社区护理等服务供给，加大医养结合服务建设力度。要求坚持深入群众，扎实开展家庭医生签约服务。积极增加家庭医生签约服务供给，扩大签约服务覆盖面，

---

① 《广东省进一步完善医疗卫生服务体系的实施方案》，广东省人民政府门户网站2023年11月9日。

不断优化完善服务模式，提升签约居民获得感、满意度。[①]

（二）深化医疗保障制度，协同改革医药服务体系

我国自1994年开始试点城镇职工基本医疗保险制度以来，经过30年的发展，初步建成了城镇职工基本医疗保险制度、城乡居民基本医疗保险制度。总体上看，广东医疗保障制度正从建制扩面转向提质增效，多层次医疗保障制度框架逐步成熟定型。

广东省致力于深化医疗保障制度改革，加快构建以促进健康为导向的创新型医疗保障体系，完善基本医保稳健可持续的筹资运行机制，稳步推动基本医疗保障省级统筹，优化医保基金总额预算管理，深化医保支付方式改革。此外，还完善以按病种付费为主的多元复合支付模式，深化城乡居民高血压、糖尿病门诊用药保障机制，将符合条件的"互联网＋医疗服务"纳入医保支付范畴，探索"互联网＋医疗服务"异地就医直接结算。为进一步提升医疗服务质量，广东省积极推进紧密型医联体以绩效为导向的医保支付方式综合改革试点工作，完善省内异地就医直接结算服务，推动门诊和门诊特定病种医疗费用省内异地就医直接结算。同时，健全重大疾病医疗保障制度，完善重大疫情医疗救治医保支付政策，探索建立重大疫情特殊群体、特定疾病医药费豁免制度。为加大康复服务的费用保障力度，广东省稳步建立长期护理保险制度，推进医药服务协同改革，落实国家组织药品和耗材集中采购和使用工作，畅通中选品种进院渠道。医疗机构执行国家组织药品和耗材集中采购使用情况将纳入年度考核评价体系，完善医保支付标准与集中采购协同机制，制定集中采购的药品、医用耗材中选和非中选品种的医保支付标准。

---

① 《广东省进一步完善医疗卫生服务体系的实施方案》，广东省人民政府门户网站2023年11月9日。

党的二十大报告提出的"促进医保、医疗、医药协同发展和治理",是对以往"三医"联动改革的进一步拓展与升华,更加强调改革的系统集成,更加注重发挥医保的战略买方作用,保障居民享有公平可及的基本医疗卫生服务。[①]在医药服务改革方面,广东省致力于完善集中采购医保资金结余留用等激励约束机制,同时健全基于药品价值的医保目录动态调整机制。为了扩大临床价值高、经济性评价优秀的药品、诊疗项目及医用耗材的医保支付范围,广东省积极推进医疗服务价格改革,确保医疗服务价格改革试点任务要求的落实。通过实施医疗服务价格动态调整,定期进行调价评估,科学确定医疗服务价格,持续优化价格结构,理顺比价关系,广东省力求实现医疗服务价格与医保支付政策的协同,改善公立医院收入结构,提高医疗服务收入在医疗收入中的占比。

此外,广东省还加强深化医药卫生体制改革的组织领导,明确党委政府主体责任。以体制改革为抓手,促进医疗、医药、医保"三医"联动,形成改革合力。深入贯彻习近平总书记系列重要讲话精神和治国理政新理念新思想新战略,认真落实全国卫生与健康大会精神,坚持"以基层为重点,以改革创新为动力,预防为主,中西医并重,把健康融入所有政策,人民共建共享"的卫生与健康工作方针,围绕健康中国、健康广东建设大局,以维护人民身体健康和生命安全为使命,坚持医疗卫生事业的公益性,落实政府领导、保障、管理、监督责任,鼓励社会力量参与。以加强基层医疗卫生服务能力为突破口,加大财政投入,优化资源配置,补齐医疗卫生短板,促进城乡区域医疗卫生均衡发展。强化医药卫生服务供给侧结构性改革,构建协同性、连续性医疗卫生服务体系,不断完善分级诊疗、现代医院管理、全民医保、药品供应保障、综合监管等基础性制度,

---

① 《广东省进一步完善医疗卫生服务体系的实施方案》,广东省人民政府门户网站2023年11月9日。

健全组织领导、财政投入、价格形成、人事薪酬、人才队伍和信息化等保障机制，统筹推进各项改革，率先建立覆盖城乡居民基本医疗卫生制度，努力实现建设卫生强省和健康广东目标。

（三）健全多元化监督体系，优化综合管理机制

广东省注重保障人民群众的健康权益，提高医疗卫生服务质量。通过加强卫生医疗行业的监管，规范医疗机构和医务人员的行为，防止医疗乱收费、医疗欺诈等违法行为的发生，提升医疗服务的透明度和公正性，推动医疗卫生行业的健康发展，切实地维护社会公平正义，促进全民健康，推动医疗卫生事业的可持续发展。

广东省优化机构自治、行业自治、政府监管、社会监督相结合的综合监管机制，建立健全能力共建、信息共享、相互衔接、协同配合的工作协调机制。重点推动综合监管绩效评价、督察追责相关制度的实施，加强全省医疗卫生行业综合监管体系和能力建设。强化医疗卫生服务要素准入、医疗卫生服务质量和安全、医疗卫生机构运行、医疗保障基金使用、公共卫生服务和健康产业新业态新模式的监管。加强监督执法体系规范化建设，全面实施"双随机、一公开"的监督抽查制度。建立完善的信用监管、依法联合惩戒机制，推动综合监管结果的协同应用。构建数据共享、业务协同的省级综合监管平台，充分融入广东省"一网统管"体系，推动医疗卫生行业智慧化监管的实现。落实规划实施责任，将规划确定的主要指标分解纳入年度计划指标体系。合理设置年度目标，做好年度间的综合平衡。结合形势发展，确定年度工作重点。规划编制部门要组织开展规划实施年度监测分析、中期评估和总结评估。鼓励开展第三方评估，强化对监测评估结果的应用，自觉接受各界监督。

此外，广东省提升卫生综合监督执法能力，加强卫生监督执法机构

规范化建设，改善执法办案办公条件。配备现场快速检测车和执法设备，提高执法能力。分区域规划建设省级卫生监督员实训基地。基于全民健康信息平台，建设全省医疗服务智能监管信息系统，升级完善卫生监督执法信息系统。推进省级综合监管平台建设，实现全省医疗卫生行业智慧化监管。①

在新征程上，广东省继续坚持和加强党对医院工作的全面领导，健全党委研究决定医院重大问题机制，完善党委会和院长办公会议事决策规则。持续健全维护公益性、调动积极性、保障可持续的公立医院运行新机制。落实全面预算绩效管理，加快推动公立医院年度整体支出绩效评价全覆盖。实行绩效评价结果全公开，充分运用信息化手段，提升公立医院运营管理效能。完善以公益性为导向、以健康产出和服务质量为主的公立医院绩效考核体系。增加分级诊疗相关指标权重，按照管理层级和机构类型分级分类实施考核评价。按照权责一致原则，进一步理顺高等学校附属医院管理体制机制。完善多元化综合监管体系，着重强化服务要素准入、质量安全、公共卫生、服务行为、医疗费用和健康产业等方面的监管。加强医疗机构自治管理，依法规范社会办医疗机构的执业行为。推进法治建设，积极开展相关领域的法律法规制定和修订工作，构建完善的依法联合惩戒体系。

---

① 《广东省卫生健康事业发展"十四五"规划》，广东省人民政府门户网站2022年1月12日。

第五章

共同富裕道路上的先行军

共同富裕是社会主义的本质要求，是中国式现代化的重要特征，是人民群众的共同期盼，是中国共产党百年不变的矢志追求。党的十八大以来，在党中央的坚强领导下，广东坚持以习近平新时代中国特色社会主义思想为指导，坚定不移地贯彻中央部署，以新发展理念引领高质量发展，稳步推进乡村振兴。近年来，全省经济高质量发展特征愈发凸显，收入分配格局不断优化，城乡差距持续缩小，区域发展协调性明显增强，人居环境日益优美，民生福祉明显增进，全省人民共同富裕取得实质性进展。

一　依托高质量发展，夯实共同富裕的物质基础

发展是党执政兴国的第一要务，高质量发展是全面建设社会主义现代化国家的首要任务。只有实现高质量发展，才能创造出足够的财富，从而通过合理分配实现共同富裕。广东省在走向共同富裕的进程中，不断推进生产力发展，推动科技创新，多方面培植财源，坚持基本经济制度，充分发挥多种经济成分创造财富的作用，努力把蛋糕做大。

（一）加快科技创新，促进高质量发展

创新发展是高质量发展的其中之意，作为全球制造业大国，在"中国制造"转向"中国智造"的过程中，创新发挥着重要作用。广东省政府工作报告指出，2022年广东省全省研发经费支出约4200亿元，占地区生产总值比重达3.26%，区域创新综合能力连续6年居全国第一，广东正成为我国

重要的创新策源地。广东推进创新发展的系列举措为开辟和培植财源创造了良好的条件。

广东全面加强基础与应用基础研究，着力补齐创新短板，2018年出台《关于加强基础与应用基础研究的若干意见》并成立省自然科学基金委员会，基础研究投入从2015年的54.21亿元增长到2020年的204.1亿元。2020年，广东基础研究经费相较2019年增长43.9%。组织实施三批省基础研究重大项目，实现引领性原创性成果重大突破，在2019年度和2020年度中国科学十大进展中，广东牵头和参与的成果共有5项。

广东着力营造企业创新的良好生态，支持企业增加研发投入，加大对企业的创新政策落实力度，2020年全省有7.3万家企业享受了企业研发费用加计扣除政策，有效提高企业创新积极性。不断扩大普惠性科技金融覆盖面，支持科技企业与资本市场有效对接，加强科技信贷资金、风险投资供给，为企业创新插上"金融翅膀"。在系列政策的支持下，广东企业逐步形成"千军万马齐创新"的局面，涌现出一批在国际竞争中脱颖而出的科技领军企业，培育出一批新兴产业硬科技企业。2021年，广东高新技术企业总数突破6万家，连续六年位列全国第一，科技型中小企业入库数量达5.7万家，全省A股上市企业中，八成以上是高新技术企业。

人才是第一资源。建设科技强省需要有坚实的人才基础，广东优质的高校资源成为创新人才培养的主阵地。党的十八大以来，广东不断扩大高层次人才培养规模，有效增加科技人才供给。省委、省政府从服务创新驱动发展战略和全省经济社会发展需求出发，加大高等教育投入，实施高等教育系列内涵建设工程，并引进一批港澳高水平大学在粤合作办学，全省高校综合实力得到显著提升，高层次创新人才培养规模进一步扩大。

广东还加快推进人才发展体制机制改革和科技体制改革，培养集聚一批科技领军人才、青年科技人才和高水平创新团队，有力支撑广东经济高质量发展。广东率先采用"全国申报、广东承接"模式，面向全国征求团队来粤开展核心技术攻关，做到不求所有，但求所用，不求所在，但求所为。项目启动实施以来，共布局9批598个项目，其中，院士牵头项目达27项，45岁以下中青年科学家牵头项目达339项，带动集聚超过6000名高层次人才进行重点攻关。截至2021年，广东研发人员突破120万人，位居全国第一。省重大人才工程引才项目汇聚高层次人才超过5000人，带动全省集聚全球科技人才超过6万人。顶尖人才也加快集聚广东，目前全职在粤两院院士约130人。

（二）深化海洋发展，多方面培植财源

2023年4月，习近平总书记在广东视察时作出重要指示，要加强陆海统筹、山海互济，强化港产城整体布局，加强海洋生态保护，全面建设海洋强省。从习近平总书记的重要指示中，足以见得海洋对于经济发展的重要性。近年来，广东省海洋经济发展取得了巨大的进步，呈现出产业规模逐步扩大、产业结构持续优化、新兴产业蓬勃发展的态势，在国民经济中的地位越来越重要。

广东是海洋大省，濒临南海，有着全国最长的、延绵4000多公里的海岸线，海域面积居全国第二。其地处热带亚热带，全年均适合海水鱼类养殖。2023年6月发布的《广东海洋经济发展报告》显示，广东海洋经济总量已连续28年居全国首位。2022年广东海洋生产总值1.8万亿元，同比增长5.4%，占地区生产总值的14%，占全国海洋生产总值的19%。海洋经济为广东经济发展，为共同富裕注入源源不断的"蓝色动力"。

广东省大力发展海洋产业，2018年起，广东省政府设立海洋经济发展专项资金，重点支持海上风电、海洋工程装备、海洋电子信息、天然气水

合物、海洋生物医药、海洋公共服务等六大产业高质量发展，截至2023年已累计投入财政资金17.5亿元。广东省不断推动海洋产业结构优化升级，2022年全省海洋三次产业结构比为3.0∶31.9∶65.1，海洋第一产业增加值占海洋生产总值比重同比下降0.1个百分点，海洋第二产业比重同比上升2.6个百分点，海洋第三产业比重同比下降2.5个百分点。实体经济发展取得新成效，海洋制造业增加值为4419.6亿元，同比增长6.3%，在海洋经济发展中的贡献作用持续加大。海洋新兴产业发展迅猛，产业增加值为210.8亿元，同比增长18.5%。

海洋科技创新成果丰硕。2022年全省在海洋渔业、海洋可再生能源、海洋油气及矿产、海洋药物等领域专利公开数为19 375项。实施省级促进经济高质量发展（海洋经济发展）海洋六大产业专项和省重点领域研发计划"海洋高端装备制造及资源保护与利用"重点专项，形成了一批国际先进、国内领先的国产化技术和装备。2022年，省内海洋领域获评2022年度海洋科学技术奖 等奖4项、二等奖8项；获评2022年度中国航海学会科技进步奖二等奖5项；获评2021年度广东省科学技术奖技术发明奖2项、科技进步奖7项。[1]

（三）坚持基本经济制度，使多种经济成分充分发展

初次分配，是按照各种生产要素在生产过程中获得的报酬，比如居民收入、投资收益等，主要体现效率优先原则；再分配，是政府利用税收和财政支出，通过社会保障、公共服务等措施进行政府调节的分配，主要体现公平原则；三次分配主要指慈善事业，就是以捐赠、资助等公益方式进行分配。首先，要着力保障劳动所得，特别是增加一线劳动者的劳动报

---

[1] 《广东海洋经济发展报告（2023）》，广东省自然资源厅网站2023年7月26日。

酬，提高劳动报酬在初次分配中的比重，在经济增长的同时实现居民收入同步增长。其次，需要加大再分配调节力度，更加关注公平。要构建初次分配、再分配、三次分配协调配套的基础性制度安排，加大税收、社保、转移支付等调节力度并提高精准性，扩大中等收入群体比重等。广东省一直坚持这样的制度安排，致力于提高广东省的社会福利水平，促进实现共同富裕。

在初次分配层面，广东省优化初次分配制度。努力提高居民收入在国民收入分配中的比重，提高劳动报酬（特别是一线劳动者劳动报酬）在初次分配中的比重。坚持多劳多得，鼓励勤劳致富，促进机会公平。探索多种渠道增加中低收入群众要素收入，多渠道增加城乡居民财产性收入。在再分配层面，长期以来广东省加大保障和改善民生力度。建立一般性转移支付体系和稳定增长机制，重点增加民生领域、革命老区、民族地区、边远山区、贫困地区的一般性转移支付投入。完善民生投入机制。在教育、养老、医疗、住房等重要民生领域完善再分配调节机制，提高基本公共服务均等化水平。

所谓三次分配，是在自愿基础上，通过慈善公益方式对社会资源和社会财富进行分配，被认为有利于缩小社会差距，实现更合理的收入分配。近年来，广东省始终聚焦慈善事业高质量发展目标任务，充分发挥三次分配在人民走向共同富裕道路中的作用，在教育、医疗、助残、养老、救灾等方面作出应有贡献，让慈善可观可感，让幸福可享可得。截至2023年7月底，广东有慈善组织1951家（具有公开募捐资格的212家），慈善财产总规模超过350亿元，慈善信托备案86单，备案合同规模9.1亿元，志愿者人数2200多万人，在各类社区综合服务设施中建设志愿服务站点2.8万多个，2022年福利彩票销售量172.8亿元，筹集福彩公益金52.9亿元，连续15

年位居全国第一。①广东省出台系列慈善法律，有效规范慈善事业发展。广东省印发《广东省推动慈善事业高质量发展若干措施》《广东省志愿服务条例》《广东省基金会章程示范文本》《广东省志愿服务协议（示范文本）》等系列文件，动员、引导、支持社会力量参与慈善帮扶，切实解决困难群众和特殊群体的急难愁盼问题，托稳兜牢民生保障底线。广东顺应新时代慈善事业发展趋势，积极拓宽社会力量参与慈善渠道，最大程度汇聚慈善力量。全省依托社区综合服务设施建设慈善工作示范点，有效链接慈善资源、孵化慈善项目、弘扬慈善文化，促进慈善资源下沉。

▼二 推进乡村振兴，促进城乡共同富裕

共同富裕的对象是全体人民，不是少数人的富裕，也不是少数地区的富裕。促进共同富裕，全面建设社会主义现代化国家，最艰巨最繁重的任务仍然在农村。全面推进乡村振兴与推动共同富裕是有机统一、密切相关的。生活富裕是乡村振兴的总要求之一，乡村振兴为农民农村实现共同富裕提供物质保障。以乡村振兴促进农民农村共同富裕是一项重大而紧迫的战略任务。把共同富裕的本质要求嵌入乡村振兴的重大决策部署中，统筹推进乡村振兴与共同富裕。

（一）抓好产业兴旺，实现农村繁荣和农民富裕

产业兴旺是乡村振兴的关键，为做大做好共同富裕蛋糕提供了坚实保障。

---

① 《广东奋力书写"大慈善"高质量发展新篇章》，广东省民政厅网站2023年9月5日。

1. 发展乡村特色产业

近年来，广东省把发展"一村一品、一镇一业"作为发展特色产业，促进乡村产业振兴的重要抓手、重大行动，以前所未有的力度扎实推进。目前，全省1322个"一村一品"专业村主导产业总产值达293.25亿元，各专业村主导产业产值平均占各村农业总产值的54%，200个"一镇一业"专业镇主导产业总产值达642亿元，各专业镇主导产业产值平均占各镇农业总产值的50%，初步形成了由点连线、由线结网的产业格局，为广东省现代农业产业体系构筑了重要支撑。

（1）高位谋划，强力推动。省委、省政府高度重视，谋划部署。省委书记李希在全省实施乡村振兴战略工作推进会上明确要求推动"一村一品"广泛覆盖，打造一批特色镇和专业村。省长马兴瑞亲自调研推动，把"一村一品、一镇一业"列入省政府十项民生实事之一。

（2）资金支持，优化程序。2019年开始，每年统筹整合10亿元财政资金，发展1000个"一村一品"专业村、100个"一镇一业"专业镇。为提高工作效率，简化财政建设资金拨付方式，由过去层层下拨报账制改为直接拨付实施主体，减少拨付层级，减少审批程序，赋予实施主体更大的自主权。

（3）制度先行，规范管理。建立"1+N"管理制度，制定1个方案，配套N个办法，同时，强化管理职责，明确由县（市、区）政府负总责，镇（乡）政府为责任主体，农民专业合作社、合作联社、家庭农场和农业龙头企业等新型经营主体为实施主体，进一步层层落实责任，传导压力推动。

（4）融合发展，培育品牌。坚持聚焦主导产业，延伸产业链，提升价值链，促进一二三产业融合发展。注重发挥品牌效益，"一村一品、一镇一业"产品使用统一的LOGO，形成"广东荔枝""广东丝苗米"等一批效益显著的区域公用品牌。

（5）壮大主体，培育新农人。大力引进返乡创业大学生、退役军人、个体工商户等"新农人"，建设"一村一品、一镇一业"主力军。梅州碧园村返乡创业大学生陈伟波、茂名楼阁堂村退伍军人杨华振等一批"新农人"在政策的感召下，返乡入乡创业，为"一村一品、一镇一业"发展带来新理念，注入新活力。①

2. 建设现代农业产业园

产业振兴是乡村振兴的重中之重。2018年以来，广东省委、省政府把大力推进现代农业产业园建设作为实施乡村振兴战略、推动产业兴旺的重要抓手，高度重视现代农业产业园建设。广东把2018年作为现代农业产业园启动创建年，并决定花三年时间投入75亿元，在全省建设150个省级现代农业产业园，基本实现"一县一园"的总体布局，打造若干个千亿产值、具有国际竞争力的现代农业产业集群，形成"百园强县、千亿兴农"的农业产业兴旺新格局。

2018—2020年，省财政每年安排25亿元支持省级现代农业产业园建设，以"一县一园"为重点，截至2020年8月，全省已创建14个国家级、161个省级、55个市级现代农业产业园，其中，粤东西北地区优势产区产业园每个奖补省级财政资金1.5亿元、粤东西北地区特色产业现代农业产业园每个奖补省级财政资金5000万元。省级现代农业产业园实现了全省主要农业县的全覆盖，形成国家级、省级、市级现代农业产业园梯次发展格局，初步布局了"跨县集群、一县一园、一镇一业、一村一品"的全省现代农业发展模式。在全省范围内热火朝天建设产业园的场景随处可见。据统计，截至2020年11月底，粤东西北地区130个省级现代农业产业园主导

---

① 《大力发展"一村一品、一镇一业"广东乡村特色产业成效显现》，中华人民共和国农业农村部网站2021年6月30日。

产业总产值达到2152.49亿元，其中，二三产业产值总和超过一半。产业园内农业企业数量达到3299个，品牌数量（含企业自有品牌）2459个，其中新增品牌493个。吸引返乡创业人员数2.55万人，辐射带动农民就业人员数123万人，园内农民收入水平高于当地全县平均水平24.6%，累计联结带动贫困户7.18万户，平均每户每年增收8518.91元。财政资金撬动作用效果明显，省级财政资金撬动比达到1∶4.36，共撬动300多亿元社会资本投入产业园建设，有力地推动广东农业现代化的进展。①

（二）加强农村生态文明建设，打造宜居宜业和美乡村

党的二十大报告强调"建设宜居宜业和美乡村"。广东省高度重视农村人居环境整治工作，将开展农村人居环境整治、建设生态宜居美丽乡村作为我省推进乡村振兴的第一场硬仗。广东部署开展以"三清三拆三整治"为重点的村庄清洁专项活动，着力解决农村突出环境问题，全域提升农村人居环境质量。"三清三拆三整治"工作是农村环境整治的基础，是乡村振兴的第一场硬仗。通过开展人居"三清三拆三整治"活动，全域开展农村人居环境整治，分梯度、分类型创建干净整洁村、美丽宜居村、精品特色村。"三清"即清理村巷道及生产工具、建筑材料乱堆乱放，清理房前屋后和村巷道杂草杂物、积存垃圾，清理沟渠池塘溪河淤泥、漂浮物和障碍物；"三拆"即拆除危旧房、废弃猪牛栏及露天厕所茅房，拆除乱搭乱建、违章建筑，拆除非法违规商业广告、招牌等；"三整治"则主要针对垃圾、污水及水体污染。

广东首先是加大财政投入保证"有钱办事"。从2014年开始，广东持续加大对农村人居环境整治的财政支持力度。2014—2018年省级财政累

---

① 《农业现代化辉煌五年系列宣传之四十五：广东省"十三五"农业现代化发展回顾》，中华人民共和国农业农村部网站2021年9月17日。

计安排农村人居环境整治方面的资金430亿元。其次是加大人才投入保证"有人办事"。在基层党组织实施"头雁"工程，从省直单位和市县党政机关、企事业单位中选派优秀党员干部担任村党组织第一书记，把后备干部、拟提拔重用的干部选到人居环境整治和乡村振兴一线。如广东河源市选派3000名优秀干部组成工作队，进驻全市每个乡镇和行政村。再次是广泛引导村民"共谋其事"。为提升村民参与乡村建设的积极性，广东探索在自然村一级成立村民理事会组织，在村"两委"领导下，发挥自身优势，组织引导农民群众通过民主协商、投工投劳，在村庄规划、人居环境整治、基础设施建设管护等方面发挥主体作用。目前，全省完成"三清三拆三整治"的自然村覆盖率达到99.5%，珠三角地区100%村庄达到干净整洁的标准。清拆破旧泥砖房322万余间，累计1239个行政村以及6763个自然村整村完成存量农房微改造。充分利用"三清三拆三整治"后的空闲土地打造"四小园"（小菜园、小果园、小花园、小公园）小生态样板，全省已经因地制宜打造"四小园"60余万个。广东农村面貌已发生从"脏乱差"向"全域干净整洁"的历史性变化。

（三）提升乡村治理效能

广东省着眼服务乡村全面振兴，把保障和改善农村民生、促进农村和谐稳定作为根本目的，始终坚持把党的领导作为乡村治理的"灵魂"，贯穿工作各方面全过程，以健全党组织领导的自治、法治、德治相结合的乡村治理体系为根本目标，持续在乡村治理的重要领域和关键环节积极创新、大胆实践，着力夯实乡村振兴基层基础，逐步形成了乡村治理的"广东经验"。

1. 建立党管"三农"工作新机制

办好农村的事，实现乡村振兴，关键在党。广东省委贯彻落实习近平总书记的重要指示要求，将农业农村摆在优先发展的位置，强化五级书记抓乡村振兴，形成了党管"三农"工作新机制。农村基层党组织是党在农村的全部工作和战斗力的基础，是振兴乡村的顶梁柱。广东以完善上下贯通、执行有力的组织体系为重点，以提升基层党建工作质量为主线，实施新一轮加强党的基层组织建设三年行动，强化农民合作社、农业企业、社会化服务组织的党建工作，探索在乡村产业链、社会化服务领域创设功能型党小组。持续动态排查与整顿软弱涣散农村基层党组织，推行村党组织书记"三个一肩挑"工作，推动村级重大事项决策"四议两公开"，全面推行小微权力清单制度，形成群众监督、村务监督委员会监督、上级部门监督和会计核算监督、审计监督等全程实时、多方联网的监督体系。

2. 全面推进"三治融合"

广东因地制宜推进乡村治理自治为基、法治为本、德治为先的"三治融合"乡村治理模式，促进乡村文明善治。拓展村民参与村级公共事务平台，建立村党组织领导下的"民主协商一事一议"的村民协商自治模式。推行积分制乡村治理模式，将农民群众心中所感、眼中所见转化为具体分值，让乡村治理由无形变有形，从根本上解决了群众主体意识不强、内生动力不足等问题。如云浮"微网格+小积分"、韶关"民情夜访"、佛山"五治"模式入选全国第三批乡村治理典型案例。打造乡贤参与平台，充分发挥乡贤在乡村治理方面的作用。如普宁市大力推进"乡贤咨询委员会"建设，云浮和雷州市成立乡贤理事会，广泛调动乡贤力量为村庄发展"出钱出力""出智献策"，实施"新乡贤"回归工程，吸引新乡贤返乡创业。实施数字乡村战略，着力建设乡村集体资产、公共服务、公共事务、公共安全、乡村党建等数字系统，充分发挥信息化在推进乡村治理体系和治理能力现代化中的基础支撑作用。如汕尾"善美村居"、云浮"智慧治理云图"等信息化载体有序搭建。广州南沙区发布数字乡村平台提供疫情防控、党建引领、美丽乡村、三务公开、惠农补贴等29个功能模块，为村委和村民提供"一站式"服务，全方位提升乡村治理能力的智能化、精细化和专业化水平。大力推进法治乡村建设，聚焦土地承包、宅基地等重点问题和关键领域，打造公共法律服务生态网创新"互联网+公共法律服务"模式，开展"法律进乡村"活动。目前，广东建成500个示范性乡镇公共法律服务工作站和3000个示范性村（社区）公共法律服务工作室，创建省级乡村治理"百镇千村"示范村998个、示范镇97个，创建45个全国民主法治示范村（社区）。

▼ 三 促进共建共享，强化共同富裕的基本保障

（一）着力增进民生福祉

党的十八大以来，以习近平同志为核心的党中央高度重视民生兜底保障工作，作出一系列重要决策部署。习近平总书记强调，"集中全力做好普惠性、兜底性、基础性民生建设"。广东省委、省政府持续改进兜底民生服务方式，稳步提升兜底民生服务质量，让人民群众获得感、幸福感、安全感更加充实、更有保障、更可持续。党的十八大以来，广东省居民收入和支出水平进一步提高，广东人民生活实现了从比较宽裕到追求生活品质的深刻转变。2013年，广东省居民人均可支配收入23420元，2022年，广东省居民人均可支配收入47065元。2013年，广东省居民的人均消费支出为17421元，到2022年达到32169元。

1. 建立健全民生领域稳定投入机制

广东始终把民生支出作为财政保障的重中之重，不断加大投入力度，建立健全民生领域稳定投入机制；坚持"小切口大变化"，每年办好十件

民生实事，2012年至2022年，全省民生支出累计达9.33万亿元，在一般公共预算支出中占比由2012年的66%逐步提高到2021年的70.3%。

2. 多措并举抓好就业拓展收入

广东突出抓好重点群体就业，推进创业带动就业，实施"粤菜师傅""广东技工""南粤家政"三项工程金字招牌，截至2021年，累计培训849万人次，带动就业创业275万人次。2012年至2022年，全省城镇新增就业累计1500万人，年度平均城镇调查失业率控制在5.5%以内、城镇登记失业率控制在3.5%以内。

3. 高质量脱贫夯实共享发展基底

消除贫困、实现共同富裕，是社会主义的本质要求。进入新时代，广东先后实施新一轮扶贫开发"双到"工作和脱贫攻坚行动，高质量打赢脱贫攻坚战，全省2277个相对贫困村全部出列，161.5万相对贫困人口全部脱贫，全省贫困群众全部实现"两不愁三保障"，历史性地解决了绝对贫困问题，筑牢了共享发展的基底。广东还率先建立底线民生保障机制，选取6大类兜底民生事项形成稳定的财政保障机制；高度重视社会救助工作，先后出台《广东省社会救助条例》等一系列地方性法规和文件，社会救助事业实现了跨越式发展。

（二）首先构建全民共享的公共服务体系

广东重视村镇公共服务水平提升，农村居民生活水平和质量持续提升。"十三五"时期，全省共投入基本公共服务领域财政资金4.6万亿元，年均增长7.8%。基本公共服务均等化推进机制不断完善，制定了基本公共服务标准体系，以标准化推动均等化。[①]地方教育经费总投入位居全国首

---

① 《广东省公共服务"十四五"规划》，广东省人民政府门户网站2021年11月11日。

位，年均增长10%以上。医疗卫生资源总量持续增加，医疗机构床位数从2015年的43.6万张增加到2020年的56.5万张，人均基本公共卫生服务补助经费从2015年的40元提高到2020年的74元。全省通行政村道路基本实现硬底化，行政村通客车率和农村公路列养率均达100%，行政村集中供水实现全覆盖，纳入规划的自然村集中供水覆盖率达92.7%。

在公共教育方面，省委、省政府坚持教育优先发展战略。全力保障教育经费投入稳定增长，不断推动教育高质量发展。2021年全省教育总投入达6018亿元，其中一般公共预算教育经费4331.26亿元，分别是2012年的2.7倍和3.1倍。2017年中央明确提出教育经费"两个只增不减"的要求，广东省连续四年实现该目标，也是全国唯一连续四年实现"两个只增不减"的省份。[①]广州扎实推进教育帮扶工作。一是突出人才智力支持。全年选派753名教师赴各地支教，组织受援地教师集中培训2825人，接收受援地1341名教师跟岗学习，与受援地开展联合教研1000余场。二是擦亮帮扶工作品牌。与湛江市、清远市、梅州市共建种子学校32所，打造一批示范校；接收新疆、西藏、贵州等地1183名初中毕业生免费就读广州市学校，持续办好特色班；实施文化润疆工程。三是推进优质资源共享。广州全年共有1287所学校与受援地1455所学校开展结对帮扶；开放线上教育专栏内容，组织远程教学1100多次。四是推进驻镇帮镇扶村工作。广州市推动与清远市寻乡记智慧农业发展有限公司合作成立火岗村寻乡记有限公司，产业帮扶初见成效；扎实做好各类保障性工作，切实解决家庭困难学生上学问题。[②]

---

① 《非凡十年·广东教育 ｜ 广东中等教育投入走在全国前列》，广东省教育厅网站2022年10月14日。

② 《广州市教育局关于印发2022年广州教育工作总结和2023年工作要点的通知》，广州市人民政府门户网站2023年5月5日。

在医疗方面，党的十八大以来，广东医疗保障事业不断探索前行，特别是新一轮机构改革后，省医保局深入推进医保制度改革，群众医疗健康需求有了更加坚实的保障。近年来，广东医疗保险覆盖到更广范围，医保基金坚持"以收定支、收支平衡、略有结余"的原则，保障基金安全可持续，兜住兜牢民生保障底线。截至2022年8月底，广东基本医疗保险参保人数合计约1.1亿，其中职工医保参保人数4827万，居民医保参保人数6281万，总体呈现稳定增长趋势，参保率稳定在95%以上。全省基本医疗保险统筹基金收入1208亿元，支出1033亿元，基金运行平稳。广东已形成"两纵三横"的多层次医疗保障体系，由职工医保、城乡居民医保构成的基本医疗保险制度分别覆盖就业和非就业人群，主体层、兜底层和补充层满足不同群体的医疗需求，实现了全民医保。[①]

在公共交通方面，广东交通发展迅速，成为区域协调发展的重要推动力。广东全力推进粤东、粤西、粤北地区高速公路建设，目前粤东、粤西、粤北高速公路通车里程超6000公里。珠三角核心区往粤东、往粤西、往粤北方向至少已建成2条大通道，大大提升了通道的通行能力。基础设施建设的"硬联通"，使"一核一带一区"联系更加紧密。不仅如此，广东坚持以人民为中心，补齐交通发展短板，广东实现百人以上自然村全面通硬化路，农村公路铺装率达100%，乡镇和建制村实现了100%通客车。全省农村公路通车里程达18.36万公里，基本形成了以县城为中心、乡镇为节点、建制村为网点的交通网络。[②]

（三）构建多层次的社会保障体系

社会保障是实现共同富裕的重要制度保障。广东省不断编密织牢民生

---

① 《为群众医疗健康提供更坚实保障》，《南方日报》2022年10月8日。
② 《非凡十年　交通非凡》，中华人民共和国交通运输部网站2022年10月8日。

兜底保障网。2012年至2022年，广东全民参保计划稳步推进，至2021年，养老、工伤、失业保险累计参保1.58亿人次，基本实现社会保障制度和人群"两个全覆盖"。

不断健全社会救助体系，实现兜底保障。广东省委、省政府高度重视基本民生保障，省政府连续12年将提高最低生活保障标准、特困人员基本生活保障标准纳入省的十件民生实事。截至2022年8月，全省共有城乡低保对象55.4万户、133.3万人，共有城乡特困人员21.6万人，月人均城乡特困人员基本生活供养标准分别为1553元、1287元。2023年月人均城乡特困人员基本生活供养标准较2012年底提升了352%。全省共认定低保边缘和支出型困难家庭30473户89819人。

同时，广东省还建立了社会救助和保障标准与物价上涨挂钩联动机制，根据物价上涨水平，适时启动联动机制，2019年以来累计向困难群众发放临时价格补助17.57亿元，救助2624万人次，确保困难群众基本生活水平不因物价上涨而降低。社会救助事关困难群众的基本生活和衣食冷暖，发挥着兜牢民生底线的作用。不断健全社会救助体系，保障更多困难群众的基本生活，有助于推动实现共同富裕。①

不断健全社会保险制度，实现基本社会保险制度全覆盖。社保水平持续提升，民生保障网进一步织密。实现企业职工养老、工伤保险基金省级统筹，生育保险与职工医保合并实施。广东省稳步提高城乡居民基本养老保险基础养老金标准。截至2022年末，全省参加企业职工基本养老保险的离退休人员为697.73万人；2022年1月1日起调整企业退休人员基本养老金，调整后企业退休人员月人均基本养老金增加123.38元。城乡居民基本养老保险实际领取待遇人员共869.49万人；2022年7月起全省城乡居民基本

---

① 《广东民政这十年|社会救助》，广东省民政厅网站2022年10月9日。

养老保险基础养老金最低标准达到人均190元/月。2022年，全省按月领取失业保险金人数83.31万人，人均1872.49元/月。2022年，全省享受工伤保险待遇人数18.95万。企业退休人员基本养老金年均增长5.9%，城乡居民基础养老金最低标准比"十二五"期末增长80%，职工和城乡居民基本医疗保险政策范围内住院费用基金支付比例分别稳定在85.2%和70%左右。①

不断健全住房保障。广东省加强农村危房监管和改造。2011—2021年，十年间广东财政投入172亿元，完成了83.7万户农户危房的安全改造。2022年以来，广东继续开展农村危房改造工作，争取到农村危房改造资金中央财政补助款7901万元，截至2022年4月底，已完成9.92万栋农村危房的评估鉴定工作，确定4.12万栋重点整治对象。

推进农村住房保险，增强农村房屋综合抗灾能力。从2009年开始，广东率先在全国开展政策性农村住房保险，为全省1200多万农户的住房提供保险保障。截至2021年6月末，农村住房保险累计处理赔案9.6万宗，惠及全省28万间倒塌房屋、93万间损坏房屋，提供了4.11亿元的赔款，有效弥补了农民的损失。从2022年1月1日起，在不增加保费的基础上，将全省农户每户每年保险金额从8万元提高到11万元，全省农房险风险保障额度增加到3000亿元。与此同时，提高对困难农户的保费补助（农户自负部分给予全额补助（和保险赔付金额标准。

不断加强就业保障。广东省全面贯彻党中央、国务院稳就业、保就业决策部署，坚持稳字当头、稳中求进，全省城乡就业局势稳中向好。2021年，全省城镇新增就业140.33万人，完成年度任务127.6%，全年平均调查失业率控制在5.0%以内。优化公共服务稳定农民工就业，开展南粤春暖"稳岗留工"等系列活动，全面推行就业实名制，完善岗位归集和供需匹

---

① 《2022年度广东省社会保险信息披露》，广东省人力资源和社会保障厅网站2023年12月18日。

配机制，将1900余万外省农民工稳在广东。外省在粤就业脱贫人口达412.9万，约占东部八省市吸纳脱贫人口总量的44.2%。2021年，三项工程全年培训389.2万人次，金字招牌越擦越亮，三年多来，累计培训638.93万人次。培训带动就业，截至2021年9月底，提前一季度完成全年目标，全省新增就业111.8万人。

▼四 促进区域协调发展，化解广东共同富裕最大挑战

（一）加快构建"一核一带一区"发展格局

区域发展不平衡不协调，一直是困扰广东发展的突出问题。2018年6月，广东明确以功能区战略定位为引领，加快构建形成由珠三角核心区、沿海经济带、北部生态发展区构成的"一核一带一区"区域发展新格局，持续推动区域协调发展。2019年，广东相继出台《关于构建"一核一带一区"区域发展新格局促进全省区域协调发展的意见》《关于加大有效投资力度加快构建"一核一带一区"区域发展格局的意见》两份纲领性文件，从区域基础设施建设、产业布局、平台建设、公共服务等方面明确了发展任务。意见提出"以功能区战略定位为引领，加快构建形成由珠三角地区、沿海经济带、北部生态发展区构成的'一核一带一区'区域发展新格局"。

"一核"即珠三角地区，是引领全省发展的核心区和主引擎。该区域包括广州、深圳、珠海、佛山、惠州、东莞、中山、江门、肇庆9市。重点对标建设世界级城市群，推进区域深度一体化，加快推动珠江口东西两岸融合互动发展，携手港澳共建粤港澳大湾区，打造国际科技创新中心，

建设具有全球竞争力的现代化经济体系，培育世界级先进制造业集群，构建全面开放新格局，率先实现高质量发展，辐射带动东西两翼地区和北部生态发展区加快发展。

"一带"即沿海经济带，是新时代全省发展的主战场。该区域包括珠三角沿海7市和东西两翼地区7市。东翼以汕头市为中心，包括汕头、汕尾、揭阳、潮州4市；西翼以湛江市为中心，包括湛江、茂名、阳江3市。重点推进汕潮揭城市群和湛茂阳都市区加快发展，强化基础设施建设和临港产业布局，疏通联系东西、连接省外的交通大通道，拓展国际航空和海运航线，对接海西经济区、海南自由贸易港和北部湾城市群，把东西两翼地区打造成全省新的增长极，与珠三角沿海地区串珠成链，共同打造世界级沿海经济带，加强海洋生态保护，构建沿海生态屏障。

"一区"即北部生态发展区，是全省重要的生态屏障。该区域包括韶关、梅州、清远、河源、云浮5市。重点以保护和修复生态环境、提供生态产品为首要任务，严格控制开发强度，大力强化生态保护和建设，构建和巩固北部生态屏障。合理引导常住人口向珠三角地区和区域城市及城镇转移，允许区域内地级市城区、县城以及各类省级以上区域重大发展平台和开发区点状集聚开发，发展与生态功能相适应的生态型产业，增强对珠三角地区和周边地区的服务能力，以及对外部消费人群的吸聚能力，在确保生态安全前提下实现绿色发展。

在一系列重磅举措的有力推动下，"一核一带一区"建设取得明显成效，主要表现在：

（1）珠三角核心区发展能级不断提升，高质量发展动力源不断增强。"双区""两个合作区"建设向纵深推进，利好叠加，释放"乘数效应"。广州、深圳核心引擎功能更加强劲，佛山、东莞两个城市以万亿级的体量迈入新发展阶段，珠海市一跃成为内地唯一与港澳同时陆路相连的城市，正在成长为我省又一重要引擎，珠三角各市依托广深港、广珠澳两个廊道的传导效应，汇聚起强大的发展势能、改革动能。

（2）沿海经济带产业支撑不断强化，东西两翼新增长极加快形成。推动重大产业项目向沿海经济带东西两翼布局建设，湛江巴斯夫、惠州埃克森美孚等百亿美元级外资项目开工建设，沿海经济带成为吸引外商投资的热土，绿色石化、绿色钢铁、海工装备等世界级产业带成型成势。汕头、湛江两个省域副中心城市建设加快推进。2021年广东海洋生产总值连续27年居全国首位，海洋经济竞争力核心地位持续巩固。

（3）筑牢北部生态屏障，北部生态发展区绿色发展优势凸显。北部生态发展区生态屏障进一步巩固，对内拓展"桥头堡"的优势凸显，贯通城乡、连接工农、连接湾区的绿色生态经济体系、产业协作体系逐步发力，"农业+""旅游+"等生态产业蓬勃发展，对接大湾区的"大农场""后花园""康养地"正在加快形成。发展得益于产业的支撑。目前，广东省以发展工业为上的高新区、经开区、省产业园、综合保税区等省级以上工业园区共161个，2021年实现规上工业产值超6万亿元，约占全省的四成；其中"一核"园区71个、"一带"东西两翼园区50个，"一区"园区40个。

（二）"双区驱动""双核联动"，为区域发展提供新动能

"双区驱动"是指以粤港澳大湾区和深圳先行示范区为主要牵引力的发展战略，通过深化改革和扩大开放释放双区叠加的潜力，为广东经济发展注入新动力，有效带动全省其他地区发展。粤港澳大湾区和深圳先行示范区，是习近平总书记和党中央谋划和推动的国家层面的大战略，是广东推动区域协调发展的重要机遇。

"双核联动"是指在"双区"的基础上，以广州、深圳两个城市为

核心，增强动力引擎，充分发挥广深的联动优势。《中共广东省委全面深化改革委员会关于印发广州市推动"四个出新出彩"行动方案的通知》中提出，广州要充分发挥好粤港澳大湾区和深圳先行示范区"双区驱动效应"，不断强化广深"双核联动"，在"综合城市功能、城市文化综合实力、现代服务业、现代化国际化营商环境"四方面加快"出新出彩"，实现老城市新活力，为构建"一核一带一区"区域发展新格局提供有力支撑。

粤港澳大湾区是由广州、佛山、肇庆、深圳、东莞、惠州、珠海、中山、江门9市和香港、澳门两个特别行政区形成的"9+2"城市群，总面积5.6万平方公里，是我国开放程度最高、经济活力最强的区域之一，是继美国纽约大湾区、美国旧金山大湾区、日本东京大湾区之后的世界第四大湾区。近年来，广东省不断促进大湾区一体化发展，四个核心城市引领，其他城市和周边地区协同，最终实现共同发展。广东省始终把推动基础设施互联互通特别是轨道交通建设作为粤港澳大湾区建设的重中之重，粤港澳大湾区目前铁路通车总里程超过2200公里，高铁营业里程超过1200公里，城市轨道交通运营里程也超过1000公里，已初步形成连通粤东西北、连接华东中南西南等地区的放射型对外通道格局和内部城际网络主骨架，充分发挥了大湾区的带动和辐射扩散效应。

支持深圳建设中国特色社会主义先行示范区，是习近平总书记亲自谋划、亲自部署、亲自推动的重大国家战略。2019年8月18日，《中共中央　国务院关于支持深圳建设中国特色社会主义先行示范区的意见》正式发布，揭开了深圳建设先行示范区的历史大幕。深圳以大湾区建设为"纲"，以先行示范区建设为总牵引、总要求，在推动粤港澳三地经济运行的规则衔接、机制对接以及加快基础设施的互联互通、重大平台建设的提速增效上先行示范。

双区驱动、双城联动，本质上起到的是一种辐射带动作用，有利于促进广东区域协调发展。2020年广东11万亿元的地区生产总值中，有约9万亿元来自大湾区九市，其中又有超过5万亿元来自广深"双城"。广深作为广东体量最大的两个城市，强强联手产生的能量远超二者的总和；大湾区九市是广东产业发展、科技创新的主场，是对接港澳规则，创新体制机制，打造更具国际化营商环境的改革开放高地；深圳建设中国特色社会主义先行示范区输出改革创新的成功经验；广州作为国家中心城市，也在"出新出彩"焕发新活力。所以，广东发展的动力源在大湾区、在广深，"双区驱动+双核联动"是广东实现区域协调发展的解题方法。

（三）推进区域对口帮扶

区域协调发展是实现共同富裕的必然要求。2013年以来，广东把开展省内对口帮扶协作作为促进城乡区域协调发展的重大举措，确立了珠三角地区6市对口帮扶粤东粤西粤北地区8市的帮扶关系，分别是广州市—梅州市、广州市—清远市、深圳市—河源市、深圳市—汕尾市、珠海市—阳江市、佛山市—云浮市、东莞市—韶关市、中山市—潮州市，帮扶市所辖县区或镇街与被帮扶市所辖县（市、区）确立对口帮扶关系52个，先后开展了三轮对口帮扶协作工作。各地各部门在推进产业共建、完善基础设施、加强民生保障等方面取得丰硕成果。

第一轮对口帮扶是2014年开始至2016年结束，第二轮对口帮扶是2017年至2019年。在第二轮对口帮扶过程中各地产业共建成效明显，成功培育出一批百亿级、千亿级产业园区，建设了一批国家级高新区、省级高新区、省级特色小镇、综保区等重点产业平台。民生帮扶精准对接，通过开展组团式帮扶和紧密型帮扶，优质的教育、医疗等资源加速流向粤东粤西粤北地区，帮助当地着力补齐民生短板，破解民生难题，提高公共服务可及性和均等化水平，广东城乡区域发展平衡性、协调性稳步提升。

在产业帮扶方面，广东省开展高水平产业共建，千方百计推动产业项目和产业集群建设落地生根。制定产业转移共建目标和行动计划，强化贫困地区与珠三角地区市场精准对接，加快项目建设进度，有力提升被帮扶市"造血"功能。比如说东莞对口帮扶韶关，围绕钢铁、有色金属、电力能源等领域着力推进产业链建链、补链，提升产业链层级，积极打造绿色低碳循环产业体系，带动形成了1个千亿元以上、2个300亿元以上产业集群。

在交通路网和基础设施建设等方面，各地以粤东粤西粤北地区和珠三角交通通道建设为重点，优化与高快速交通网衔接，着力推动互联互通。帮扶市切实承担起共建园区基础设施建设主体责任，完善共建产业园区环保、供水、供电、消防、通信以及生活服务等基础设施，推进电网改造项目和集中供热供气设施建设，建设污水管网及污水处理厂。

在社会事业方面，对口帮扶也成效明显。在教育领域，在帮扶过程中通过设立分校、联合办学、教师互派交流、教学研究合作、资助基建等多种方式，推动教学资源共享。如广州、清远全面推进教育结对，结对帮扶各类学校达206所，广州支持清远新建3所学校和改善124所学校教学条件。在医疗领域，主要是针对被帮扶市医疗卫生发展实际需求，完善医疗卫生帮扶合作机制等。实现广州42家高水平医疗机构与清远32家县级以上医疗机构结对，推动跨区域医联体建设，推行"远程医疗诊断"模式，支持清远建立远程会诊平台6个，引进医疗新技术356项。

在新一轮的对口帮扶中，广东省将把握粤港澳大湾区建设和支持深圳建设中国特色社会主义先行示范区的重大战略机遇，坚持市场主导与政府引导、统筹兼顾与突出重点、继承完善与改革创新相结合，加快形成统筹有力、合作紧密、分工高效、共享共赢的区域对口帮扶协作新机制，推动形成优势互补、高质量发展的区域经济布局，为促进区域协调发展和满足人民的美好生活需要提供重要支撑，加快构建"一核一带一区"区域发展新格局。①

▼五 推进精神共同富裕，促进人的全面发展

党的二十大提出中国式现代化是物质文明和精神文明相协调的现代化，这充分表明摆脱物质贫困，并且物质富裕取得一定成果时，精神生活共同富裕的重要性更加凸显。

（一）切实提升农民精神风貌，推动乡风文明建设

广东注重从民间艺术、传统乡村文化中汲取养分，通过修立村规民约，繁荣民俗艺术、传统技艺，开展文化惠民活动，利用活态的乡土文化传承，形成现代农村文明新风尚，塑造淳朴民风，重视乡村文化治理，全面提升乡村社会文明程度，涵养文明乡风。

1. 以村规民约推动乡村善治

一是全域开展村规民约修订工作。尊重乡村文化生长规律，在引导农民参与村规民约和居民公约修订工作中培育其主人翁精神，形成与时俱进的新村规民约。截至2020年底，已修订完善834个村（社区）的村规民约，全省100%的村（社区）完成村规民约和居民公约的修订工作，同时选编100篇优秀村规民约和居民公约。二是真正发挥村规民约的约束力。推行村规民约"积分制"管理制度。积分由基础积分、奖励积分和处罚积

---

① 《西电东送：以初心之光照亮奋进之路》，《南方》2021年第14期。

分等组成，逐户建立积分动态管理台账，通过年度、季度公示，对优秀家庭、村户进行公示。通过积分制和典型引领激发村民参与自治的积极性，有效扭转了以往村民参与社会治理积极性不高、红白喜事大操大办、环境卫生脏乱差等不良风气。

2．以移风易俗形成文明新风尚

从整治婚丧嫁娶大操大办之风入手，带动好民风、遏制人情风、引领新风尚、破除旧陋习，全域推进城乡移风易俗工作，基本实现"一约四会一榜"（村规民约，红白理事会、道德评议会、村民议事会和禁毒禁赌会，道德红黑榜）全覆盖，形成"红事一杯茶、白事一碗粥"新风气。[①]

3．善用岭南传统文化铸魂，构建乡村新型邻里关系，营造良好家风

家庭是中国社会善治的基点，广东乡风文明建设紧紧抓住"血缘氏族""家国同构"等文化传统，将家庭这一最基本文化治理单元作为塑造文明乡风和乡村振兴铸魂的基石，创新祠堂文化、乡贤文化，推动形成"家风连成民风，民风融汇乡风"的家风—民风—乡风连环促进的有机整体。挖掘传承祠堂文化资源，为优良家风培育提供价值引领。充分利用乡村祠堂、祖屋修缮等契机，发挥祠堂文化育人功能。推动祠堂文化相关风俗习惯、道德风尚与新时代育人新理念、新原则、新方式、新载体相融合。如潮州"翁氏家庙"已成为潮汕地区在春节、清明、中秋、重阳等特色传统节日中开展治家教子活动的重要文化载体。

（二）聚焦农村教育事业，优化乡村人才队伍

近年来，广东加大财政资金的扶持力度，推进城乡教育一体化高质量发展。出台《关于建立健全我省教育经费保障体系的实施意见》（2020年

---

① 郭跃文、顾幸伟：《广东乡村振兴发展报告（2022）》，社会科学文献出版社2022年版，第242页。

11月）、《广东省推动基础教育高质量发展行动方案》（2021年8月），推进提升乡村小规模学校、乡镇寄宿制学校和县域普通高中的保障水平与办学质量，补齐教育领域短板，推动落实城乡教育经费保障和城乡教育高质量均衡发展。目前，广东已建立覆盖从城乡学前教育到高等教育的生均拨款制度并实现动态调整，保障水平不断提高。全省义务教育生均一般公共预算公用经费支出增幅明显。2020年全省幼儿园、小学、普通初中生均一般公共预算公用经费支出分别为2660.12元、3047.22元和4282.69元。

粤东西北区域发展不平衡问题制约着广东城乡教育均衡发展。广东通过统筹利用好中央资金、省级专项资金，不断加大对粤东西北教育财政扶持力度。中央财政安排义务教育薄弱环节改善与能力提升资金，用于支持改善农村学校基本办学条件，新建、改扩建必要的义务教育学校，建设学校网络设施设备和"三个课堂"。特别注重对粤东西北地区的教育经费支持。2021年，省级财政通过优化教育转移支付的方式，转移支付给粤东粤西粤北地区的教育专项扶持资金达到238.51亿元。省财政针对全省经济欠发达地区建立两项生均拨款制度，对原中央苏区、北部生态发展区和沿海经济带市县、珠三角核心区财力相对薄弱的市县，省财政在学前教育与普通高中生均公用经费分担比例上，分别按70%、50%、30%的比例分担。

教师队伍质量是影响乡村教育水平的关键因素。广东陆续出台了《关于全面深化新时代教师队伍建设改革的实施意见》《关于统筹推进县域内城乡义务教育一体化改革发展的实施意见》等文件，推动制定适应教育现代化需要的城乡统一的中小学教职工编制标准。这些举措都大大发展了农村教育事业，有利于农村人才的培养。

（三）完善文化基础设施和培育文化市场，丰富农民精神生活

广东大力推动城乡公共文化服务体系一体化建设，着力完善乡村公共文化基础设施，推动乡镇综合文化站和村级综合性文化服务中心基本实现全省全覆盖。截至2022年底，广东共建成乡镇（街道）综合文化站1617个、行政村（社区）综合性文化服务中心2.6万个，实现镇村公共文化基础设施全覆盖；全省120个县（市、区）和118个县（市、区）分别建立文化馆、图书馆总分馆制，覆盖乡镇（街道）的比例达到85%，促进优质公共文化资源和产品延伸到乡村基层。①

广东省加快推动农村地区公共文化设施提质增效、资源共享。近年来，广东公共文化行政管理部门持续织密织细公共文化设施网络，推动开展县级文化馆图书馆总分馆制建设、行政村（社区）综合性文化服务中心提质增效达标建设、城乡新型公共文化空间建设。截至2021年底，全省各地陆续建成"读书驿站""简书吧""风度书房""智慧书房"等新型阅读空间超2000个。全省共建成公共图书馆150个、文化馆144个、乡镇（街道）综合文化站1619个、村级综合性文化服务中心26011个，实现省、市、县、镇、村五级公共文化服务设施全覆盖。持续推动县级文化馆图书馆总分馆制建设，投入1500万元省级财政资金推动粤东西北地区扩大总分馆制建设覆盖面。

广东省试点推进全省基层综合性文化服务中心与旅游服务中心融合发展建设，截至2021年底全省新建两中心融合试点83个。举办广东省公共文化服务"三百工程"进基层活动，全年免费配送优质公共文化服务活动

---

① 《融合乡村文旅，注入振兴动能》，《南方日报数字报》2023年8月15日。

312场，满足经济欠发达地区人民群众对高质量公共文化服务的需求。广东省还鼓励各地因地制宜建设村史馆、乡村博物馆、非遗传习所等文化设施，不断夯实乡村历史文化资源收集整理和开发利用的阵地基础。鼓励乡村利用古民居、古建筑、老祠堂等打造建成村级综合性文化服务中心，实现了对乡村古民居、古建筑、老祠堂的保护利用。连续六年举办南粤古驿道定向大赛，"以体兴道、以道兴村"，为贫困村、古村、古镇创造的直接经济产值超过30亿元。①

使命催人奋进，实干成就未来。回首过去，广东在共同富裕道路上取得了亮眼的成绩。站在新的历史起点，广东将更加紧密地团结在以习近平同志为核心的党中央周围，秉承广东精神，争创社会主义现代化先行省，高质量发展建设共同富裕示范区，为全国实现共同富裕先行探路，争做共同富裕道路上的先行军，积极探索让人民群众看得见、摸得着、真实可感的共同富裕，努力在新的赶考路上为全国大局作出新的更大贡献，以优异成绩为社会主义现代化建设添砖加瓦！

---

① 郭跃文、顾幸伟：《广东乡村振兴发展报告（2022）》，社会科学文献出版社2022年版，第198页。

第六章

探索人口高质量发展的
"广东路径"

习近平总书记在2023年5月5日召开的二十届中央财经委员会第一次会议中发表重要讲话，强调人口发展是关系中华民族伟大复兴的大事，必须着力提高人口整体素质，以人口高质量发展支撑中国式现代化。会议指出，当前我国人口发展呈现少子化、老龄化、区域人口增减分化的趋势性特征，必须全面认识、正确看待我国人口发展新形势。要着眼强国建设、民族复兴的战略安排，完善新时代人口发展战略，认识、适应、引领人口发展新常态，着力提高人口整体素质，努力保持适度生育水平和人口规模，以人口高质量发展支撑中国式现代化。要以系统观念统筹谋划人口问题，以改革创新推动人口高质量发展，把人口高质量发展同人民高品质生活紧密结合起来，促进人的全面发展和全体人民共同富裕。

一　建设生育友好型社会，促进人口长期均衡发展

人口是一个国家的基础性条件，生育不仅关乎个人，也是关乎国家的大事。近年来，我国人口发展呈现少子化、老龄化、区域人口增减分化的趋势性特征，经济负担压力大、照顾子女责任重、女性生育对于职业发展的影响等都是制约生育的重要因素。建设生育友好型社会，促进人口长期均衡发展，正当其时，意义重大。

（一）优化生育支持政策，守住兜牢生命健康网

2023年7月11日是第34个世界人口日。当前广东是全国第一生育大省，2022年全省出生105.2万人，连续三年成为全国出生人口超100万的唯

一省份，全省孕产妇和婴儿死亡率都保持在较低水平。在优化生育支持政策方面，要尽最大可能从群众的需求角度出发。

在2023年广东省两会上，十件民生实事中的"优化生育支持政策"提出，免费为超过50万名适龄妇女提供乳腺癌、宫颈癌筛查，提高妇女"两癌"早诊早治率。免费为64万名孕妇提供地中海贫血、唐氏综合征、严重致死致残结构畸形的产前筛查。新增公办幼儿园学位6万个，落实全省学前教育生均拨款不低于每生每年500元，巩固公办幼儿园在园幼儿占比达到50%、公办和普惠性民办幼儿园在园幼儿占比达到83%。建设21个城乡学前教育一体化管理资源中心，以乡镇中心幼儿园带动镇域内幼儿园开展教研活动、规范园所管理、提高办园质量。①

坚持统筹推进，加快建立优化生育政策保障机制。一是修订广东省关于人口与计划生育服务的相关规定，完善生育支持政策，比如在住房保障方面为生育多孩的家庭提供支持，生育二孩或者以上的家庭使用住房公积金购买住房，建议贷款最高额度上浮30%。二是聚焦人口长期均衡发展，从政策制度方面为生育家庭提供支持。三是明确各部门在推进优化生育政策方面应该承担的责任和义务，将生育友好工程纳入卫生健康的重点工程中，落实支持生育的配套措施，满足托育服务需求。

坚持优生优育，切实保障母婴健康。建立从婚前到产前以及新生儿出生后各个阶段的母婴健康服务链。提供免费的婚前和孕前医学检查，为群众提供优生优育一站式健康服务。建立妊娠风险评估管理机制，所有在广东出生的新生儿都可免费享受三大类新生儿疾病筛查服务。通过早筛查早诊断早干预，关口前移保障母婴健康。

坚持示范引领，满足普惠托育服务需求。2023年，广州市入选第一批

①《优化生育支持政策》，广东省人民政府门户网站2023年1月18日。

全国婴幼儿照护服务示范城市。加强顶层设计，满足普惠托育服务需求，编制"十四五"时期相关解决方案，发布托育服务标准，开展社会力量、用人单位、幼儿园托班，形成多元化托育服务模式。

（二）优化人口发展战略，建立生育支持体系

党的二十大报告指出："优化人口发展战略，建立生育支持政策体系，降低生育、养育、教育成本。"近年来，生育意愿逐年下降，只有以人为本，保障人民的生育权利，对于影响生育率的主要因素进行精准施策，才能保证生育支持政策落地生根并取得实效。

完善生育支持政策体系，大力提高生育水平。可以通过借鉴其他国家的经验和国内一些地方的具体实践，围绕经济、实践、服务和文化建设中国特色的生育支持体系，从系统性、整体性着眼，结合婚嫁、生育、教育等重大节点以及完善就业、住房、养老等相关政策体系，加快建设生育友好型社会，为提高人民的生育意愿打下坚实的社会基础。

关注重点人群，解决好老小问题，优化人口发展战略。按照"十四五"规划，到2035年基本实现现代化之时，每千人口拥有3岁以下婴幼儿托位数可达到4.5个，可以基本满足家庭的托育需求，但是，大部分家庭都是在家庭内进行抚养，这就涉及家庭里如何分工的问题，尤其是随着生育数量的增加，男性也需要更多地参与育儿的过程，进一步加大社会支持力度显得尤为关键。同时，也要关注年轻人对于婚育的态度，只有年轻人肯结婚肯生育，才有可能实现人口高质量发展。

帮助育龄女性找到家庭与工作的平衡点，维护女性就业权和生育权。首先，要加强工作中对女性的生育保护。按照国家规定，生育子女的夫妻，女方享受生育假，男方享受陪产假，在子女三周岁以下期间，用人单位每年给予夫妻双方各10月育儿假。用人单位和公共场所应设立母婴室或

有利于母乳喂养的场所。其次，要明确政府在鼓励生育方面承担的主要责任，对生育女性的生育津贴补贴政策，为用人单位减轻产假、陪产假和育儿假的成本负担，确保男女双方都能感受到生育权利得到切实保障。提高婴幼儿医保报销比例，对生育多孩的家庭提供保障性住房。最后，坚持男女平等，防止性别歧视风气存在，保障女性平等就业的权利，对于女性在孕期、哺乳期和育儿期能得到合法保护，推动家庭内部也形成男女平等观念，夫妻双方共同承担育儿责任。

（三）完善三孩生育配套，发展普惠托育服务

一项广州市生育意愿调查显示，77.8%的调查对象认为解决0—3岁婴幼儿的托育问题，对生育意愿的影响很大。35.3%的受访者表示，如果托育妥善问题能解决，他们愿意多生宝宝。[①]

当前，年轻人面临着"生娃没人带""双职工带娃难"等问题，婴幼儿能否托育就影响着生育意愿，而当前的一些托育服务机构存在结构不均衡、服务质量不高、缺乏行业规范标准等问题，而普惠性托育服务无法满足需求、服务水平参差不齐，当前家庭对高质量、平价、方便的普惠性托育机构需求十分旺盛，发展托育服务能减轻家庭负担，提高生育意愿。

构筑多元开放的托育服务供给体系。整合各类社会资源，大力发展3岁以下婴幼儿多种形式的普惠托育服务。注重保育和早教两者相结合，可通过发放育儿津贴等形式降低中低收入家庭的托育成本。扩大托育供给，就要立足社区，以公办为主，鼓励社会办托育机构，政府应尽快建成一批普惠性托育机构，与学前教育同等政策支持力度，同时加快农村普惠托育发

---

① 《建议"医育融合"让家长"托得放心"》，《南方日报》2023年7月8日。

展。可通过推进"托育一体化"服务模式，纳入幼教体系，支持托育服务提供安全可靠的上门服务，把"住家+长期+短期"服务结合起来，健全婴幼儿照顾法规体系，强化监督监管，以防虐待幼童的特殊情况出现。对于社会性民办托育机构，可以通过减少税收、减少租金、一次性补贴补助等措施减轻运营负担，同时，政府也要支持有条件的幼儿园开设托班，建设规范性的托育机构。

多措并举加强托育职业队伍建设。目前，托育职业队伍存在社会地位不高、不被认可、人员流动大、职业保障不全面等问题，因此，要研究托育职业队伍的发展规划，建立托育行业规范，进行统一培训、统一考试、统一认证，鼓励高等院校开设与托育管理服务相关的专业并予以一定的政策倾斜，通过政策优惠、评选表彰等方式提高社会对托育团队的认可度。建立完善的婴幼儿照护体系，需要高质量的团队和行业标准，加快发展婴幼儿照护继续教育，完善职业资格认定和职称评审标准，建立一支具备专业技能、良好素质的专业队伍。

二　加强教育强国建设，全面提高人口素质

教育兴则国家兴，教育强则国家强。建设教育强国，是全面建成社会主义现代化强国的战略先导，是实现高水平科技自立自强的重要支撑，是促进全体人民共同富裕的有效途径，是以中国式现代化全面推进中华民族伟大复兴的基础工程。党的二十大报告把教育科技人才单独成章布局，吹响了加快建设教育强国的号角。[1]世界强国无一不是教育强国，教育始终

---

① 习近平：《扎实推动教育强国建设》，《求是》2023年第18期。

是强国兴起的关键因素，我国教育事业走过了由旧到新、由小到大的非凡历程，经历了文盲大国向教育大国的转变。我国已经建成世界上规模最大的教育体系，教育现代化发展水平已经进入世界中上国家行列。据中国教育科学研究院测算，我国目前的教育强国指数居全球第23位，比2012年上升26位，是进步最快的国家。这充分证明，中国特色社会主义教育发展道路是完全正确的。[①]

（一）坚持教育优先发展，加快推进教育现代化

党的二十大报告指出："我们要坚持教育优先发展、科技自立自强、人才引领驱动，加快建设教育强国、科技强国、人才强国，坚持为党育人、为国育才，全面提高人才自主培养质量，着力造就拔尖创新人才，聚天下英才而用之。"要办好人民满意的教育，落实立德树人的根本任务，培养德智体美劳全面发展的社会主义事业建设者和接班人，发展素质教育，促进教育公平，为全面建成社会主义现代化强国，实现中华民族伟大复兴的中国梦作出贡献。

教育优先发展首先体现在实际工作中要优先投入，保障实施教育优先发展战略。1993年，教育经费支出占国内生产总值4%的目标没有达到，仅仅有2.8%，在2012年才达到预定比重。在实现这个目标后，党和国家坚持教育优先发展，克服重重困难，积极投入，教育经费支出已经连续十年超过预定目标4%，促进了我国教育的高质量发展，对提高我国人口整体素质以及社会主义现代化建设作出了巨大贡献。

不仅要在投入上优先发展，还要明确方向和目标。在新时代，要推动教育朝着高质量发展的方向前进，办好人民满意的教育，就要做到从数

---

① 习近平：《在二十届中央政治局第五次集体学习时的讲话》，中华人民共和国中央人民政府网站2023年5月29日。

量、发展规模上都进行转型，加强教师队伍建设，培养高素质人才；促进城乡区域协调发展，关注乡村教育，着力解决乡村地区教育发展质量不高的问题，加大投入力度，促进我国教育协调健康发展；坚持创新发展道路，加大科技研发投入力度，培养创新型人才。

（二）建设高质量教育体系，实施教育提质扩容工程

广东省委、省政府坚持把教育摆在优先发展的重要位置，坚定不移地实施教育强省战略，举全省之力建设高质量教育体系，促进教育事业迈上新台阶。"十三五"时期，广东全省增加义务教育公办学位257.5万个，义务教育随迁子女入读公办学校比例提高到87.3%。职业教育扩容、提质、强服务，办学规模连续10年位居全国前列，两次获国务院办公厅督查激励。深入实施"粤菜师傅""广东技工""南粤家政"三项工程，大力推进省职教城建设，10所院校11万学生进驻。2022年，新增3所高校进入国家新一轮"双一流"建设行列，"双一流"高校总数达8所。教育改革开放不断深化，粤港澳大湾区国际教育示范区建设卓有成效；开展基础教育全口径全方位融入式对口帮扶和高校教育人才"组团式"帮扶，持续加大教育投入，实现学前教育到高等教育生均财政拨款全覆盖。①

建设高质量教育体系，第一，要明确各级各类人才标准和课程标准。要制定能支撑中国式现代化发展，实现社会主义现代化社会建设、文化建设等高质量发展的课程标准，统筹推进教育体系管理模式、办学机制，解决好教育中"不平衡不充分"的问题，从而实现人的全面发展。第二，由于历史、地理、生产力和发展阶段的原因，教育体系内部发展的差距依然

---

① 朱孔军：《实施科教兴国战略开创广东教育事业新局面》，《国家教育行政学院学报》2023年第1期。

很大，这是阻碍教育高质量发展的现实因素，要缩小这种差距，在制定制度和政策时就应该兼顾城乡和各个地区，实现高质量均衡发展。第三，要建设全民终身学习的学习型社会，通过体制机制改革，运用现代教育技术，建设数字化新型学习中心，实现人人可学、处处能学、时时可学的现代教育模式，不断提升全民受教育程度，促进全体人民全面发展、终身发展。

当前，我国教育体系已经从扩大规模向建设高质量体系发展。要加快建设高质量教育体系，以高质量发展促进社会经济可持续发展。建设高质量教育体系，关键在基础教育，基础教育搞得好，教育强国的步子就走得稳，发展的劲头就足。推进学前教育、义务教育高质量发展，解决城乡发展不平衡不充分的问题。发展好基础教育，要打好知识基础，培养学生探索性和创新性思维，在全社会树立正确的人才观、教育观，营造健康向上的教育环境。建设高质量教育体系，龙头在高等教育。加快建设有中国特色的双一流大学和学科，加强基础学科、新兴学科建设，对标世界科技前沿和瞄准国家重要战略发展方向，不断进行科技创新、人才培养，建设创新型国家。

（三）深化教育评价改革，健全家校社协同育人机制

教育评价事关教育发展方向，有什么样的评价指挥棒，就有什么样的办学导向。深入贯彻落实习近平总书记关于教育的重要论述和全国教育大会精神，完善立德树人体制机制，扭转不科学的教育评价导向，坚决克服唯分数、唯升学、唯文凭、唯论文、唯帽子的顽瘴痼疾，提高教育治理能力和水平，加快推进教育现代化、建设教育强国、办好人民满意的教育。[①]

---

① 《深化新时代教育评价改革总体方案》，新华社2020年10月13日。

深化新时代教育体系改革，重点在于构建教育评价体系。其主要内容包括价值体系、结构体系、功能体系和制度体系等。教育评价体系改革，需要多部门、多层级之间协同运行，如何选择和使用有效的评价方法和手段是教育评价体系改革的重点也是难点所在。要建立科学合理的教育评价机制，就要破除"唯分数、唯升学、唯文凭、唯论文、唯帽子"的评价方式，从破到立会有很多新情况和新问题，需要各部门各地区深入实地进行调研，根据工作实际情况提出具体的实施办法，最后制定可行的方案和制度。新时代，要从事关全局的战略高度出发，推动高质量发展和建设教育强国。另外，还要避免功利化的教育手段，促进家庭、学校和社会协同创新高质量发展。

深化教育评价体系改革，首先要大力推动评价主体多元化，涉及政府、学校、社会、教师、学生、家长多主体参与，不同评价主体之间相互协调，分工明确，有序合作；其次，要立足中国实际、扎根中国大地办教育，立足中国实际育人才，要坚守人民立场去进行教育评价体系改革，以立德树人为根本目标，立足新时代新机遇，放眼世界，对标世界教育体系的标准，建设和世界相通的教育评价体系，凸显中国智慧，坚定文化自信，通过教育评价改革培养社会主义事业的建设者和接班人。

▼▲ 三 实施就业优先战略，促进高质量充分就业

党的二十大报告指出"实施就业优先战略""强化就业优先政策，健全就业促进机制，促进高质量充分就业"。这是党中央基于新时代新的征程和任务对于经济社会发展作出的重大战略部署。只有深刻理解就业优先战略的发展要求和重点任务，促进高质量充分就业，才能更好满足人民对

于美好生活的需求。高质量发展是促进高质量充分就业的基本保障，高质量充分就业也能推动高质量发展。我国拥有丰富的人力资源，要发挥好人才是第一资源的作用，最大限度地调动广大劳动者的积极性和创造性，对于推动我国高质量发展具有决定性作用。针对当前严峻的就业形势，实施就业优先战略，稳住就业大方向，特别是加大重点群体的就业支持力度，守住就业困难群体的底线。

（一）坚持积极就业政策，支持和规范发展新就业形态

党的二十大报告指出，"必须坚持在发展中保障和改善民生"。就业是民生之本，稳就业是稳大局的重要支撑条件。疫情过后，稳定大局和就业的难度更大，任务繁重，要在坚持以习近平新时代中国特色社会主义思想为指导的前提下，贯彻执行好党中央关于就业政策的决策部署，坚持经济发展就业导向，强化就业优先政策。要落实落细减税降费、普惠金融、稳岗扩岗等政策，支持中小微企业、个体工商户等市场主体进一步纾困和增强发展活力，提供更多市场化就业创业机会。深化"放管服"改革，持续推进大众创业万众创新，支持和规范发展新就业形态，以创业带动就业。提高就业人员的技能培训质量，帮助劳动力市场更好发展，保障就业人员的相关权益，对于就业困难人员，要做好帮扶工作，更好保障失业人员的基本生活，做好兜底工作，努力完成就业目标。要为高校应届毕业生提供更多的就业创业机会，提供有针对性的就业指导，引导毕业生树立正确的就业观，积极到基层到一线就业，提高校园招聘会热度，发挥政策性岗位的吸引作用，优化"三支一扶""西部计划""特岗教师"等相关的基层就业岗位，拓宽市场就业渠道，用好国家稳就业扩岗政策，促进高校毕业生更高质量就业。

完善就业公共服务体系，落实就业优先政策。就业公共服务体系是

落实就业政策的重要抓手，也是政府进行宏观调控、弥补市场调节不足的重要手段，更好地稳定了就业形势。第一，要加大对大学生等青年群体的就业支持力度，有针对性地提供相应的就业帮助和服务，加大贷款支持力度，定时定期发放足额的就业创业补贴，开展创业培训，引导大学生积极寻求新的就业渠道，以创业实现就业。对于就业困难的高校毕业生，应该积极提供就业援助，对失业青年群体提供专项帮扶。第二，对劳动者从事新就业形态提供相应服务。对于一些临时工、小时工等灵活就业岗位，要提供更加便捷的掌上服务，手机轻轻一触就能及时了解就业信息，同时也应加大对灵活就业岗位人员的社会保障等服务。第三，对失业家庭和下岗工人等困难就业群体要做好兜底保障。加大对贫困地区就业支持力度，避免脱贫后再次返贫的风险。完善就业公共服务体系，能够为全体劳动者提供更高效的全方位服务，以高质量充分就业促进经济社会高质量发展。

（二）鼓励多渠道多形式就业，促进创业带动就业

党的十七大报告中指出，实施扩大就业的发展战略，以创业带动就业；党的十八大报告再次强调，要引导劳动者转变就业观念，鼓励多渠道多形式就业，促进创业带动就业。创业带动就业已经成为当下的发展趋势，大学生作为创业的主力军，不仅可以促进创新技术和高科技领域的快速发展，还可以为社会提供更多的就业机会。

2023年政府工作报告指出，要把促进青年群体就业摆在更加重要的位置。近年来，以信息技术和知识技术为代表的新兴产业在迅猛发展，特别是在互联网、科技创新、文化生活等领域，在推动大学生就业方面发挥着越来越突出的作用。为促进大学生创业，许多高校还开展了创新创业课程，培养大学生的自主创新能力，并举办创新创业和"互联网+"等系列赛事，对促进大学生创业发挥了积极的作用。坚持培训质量为主，健全培

训体系，提高创业成功率和稳定率，形成以培训促创业、以创业促就业的机制。第一，坚持以人为本的培训理念，不断规范和完善培训内容，要清楚创业人员需要从培训中获得什么，培训机构要怎么培训，有针对性地开展相应的技能培训。第二，要强化培训质量，对培训质量监控和绩效进行严格把控，规范培训操作，确保培训真实高效。第三，要以"技能+创业"的培训模式，对再就业和失业人员进行创业意识培训。

广东鼓励创业和多渠道灵活就业，深化"一照多址"改革，允许企业登记多个经营场所开展营业，个体户从事网络经营的，可以将网络经营地址登记为经营场所；加大创业担保贷款力度，个人最高贷款额度提高到50万元，适当放宽借款人担保的条件，额外产生的贴息资金由地方财政共同承担；各地创业孵化基地为高校大学生中的就业困难群体提供相应的就业补贴和孵化服务，孵化成功的，按照每年每户3000元的标准申请补贴，时间期限为2年，鼓励各地各高校根据自身特色举办创新创业大赛推动青年学生群体树立创业意识，培养创业技能；实施灵活就业特定人员参加工伤保险办法，按照国家政策对于新业态从业人员的职业伤害提供保障服务。

（三）健全就业公共服务体系，实施提升就业服务质量工程

党的十九届五中全会《中共中央关于制定国民经济和社会发展第十四个五年规划和二〇三五年远景目标的建议》提出"强化就业优先政策"，强调"健全就业公共服务体系"，为稳定与扩大就业、推动实现充分就业提供了重要遵循。就业公共服务体系是我国基本公共服务体系的重要组成部分。健全就业公共服务体系，实施提升就业服务质量工程，对于稳定就业、扩大就业规模、改善就业形势有重大意义。以习近平新时代中国特色社会主义思想为指导，全面贯彻党的二十大精神，巩固提升全民覆盖的全方位公共服务，到2025年，通过实施提升就业服务质量工程，不断完善公

共服务体系，满足就业多样化和多层次的需求。

提升就业失业管理覆盖面，提高重点群体就业帮扶主动性。对就业失业群体做好登记，年满16周岁至在依法享受基本养老保险待遇期间，可凭借有效证件前往办理失业登记，对于登记过的失业人员，应落实好相关责任，定期动态更新其就业信息，对就业意愿、求职需求、创业意愿等进行分类指导，"一对一"进行帮扶。对重点群体，要有针对性地提供就业援助，加强企业用工指导，搭建"绿色通道"服务平台，对于生产经营遇到困难的企业，提前掌握了解情况并做好稳岗指导工作，对于被辞退人员主动提供就业帮扶。

强化公共服务机构建设，培育就业服务社会组织。对现有的综合性服务场所和创业服务机构进行统筹优化，做好提供就业服务、求职登记、失业管理、重点群体帮扶等社会公共服务，乡村和社区要加强公共就业服务，通过线上线下相结合的方式，提供基本服务。发挥各级各类社会组织参与就业服务的作用，引导各社会组织和机构在党的领导下，开展就业服务工作，组建一批就业创业志愿者、企业家等深入社区、高校、企业开展公益性的就业指导服务。

加大重大任务专项任务保障力度，提高职业技能培训针对性。推动就业服务融入现代产业体系，聚焦"粤菜师傅""广东技工""南粤家政"三项重点工程和"农村电商""乡村工匠"等特色工程，开展有地区特色的就业服务活动；及时关注重大事项改革对劳动者就业的影响，加强对人力资源市场的管理，对失业风险高发地区，及时启动应急预案，确保稳定就业形势。对于特定工种或紧缺职业，应加强培训，帮助劳动者掌握更多的新技术，推进新型学徒制培训，推动产教融合、校企合作，实现企业与岗位所需劳动的有效衔接。

▼四 实施健康中国战略，建立中国特色医疗卫生服务体系

党的十九大报告指出，实施健康中国战略，要完善国民健康政策，为人民群众提供全方位全周期健康服务。深化医药卫生体制改革，全面建立中国特色基本医疗卫生制度、医疗保障制度和优质高效的医疗卫生服务体系，健全现代医院管理制度。加强基层医疗卫生服务体系和全科医生队伍建设。全面取消以药养医，健全药品供应保障制度，坚持预防为主，深入开展爱国卫生运动，倡导健康文明生活方式，预防控制重大疾病。实施食品安全战略，让人民吃得放心。坚持中西医并重，传承发展中医药事业。支持社会办医，发展健康产业。促进生育政策和相关经济社会政策配套衔接，加强人口发展战略研究，积极应对人口老龄化，构建养老、孝老、敬老政策体系和社会环境，推进医养结合，加快老龄事业和产业发展。[①]

党的二十大报告进一步要求，把保障人民健康放在优先发展的战略位置，贯彻新时代党的卫生与健康工作方针，坚持以人民健康为中心，坚持预防为主，坚持医疗卫生事业公益性，推动医疗卫生发展方式转向更加注重内涵式发展、服务模式转向更加注重系统连续、管理手段转向更加注重科学化治理，促进优质医疗资源扩容和区域均衡布局，建设中国特色优质高效的医疗卫生服务体系，不断增强人民群众的幸福感。[②]

（一）完善国民健康政策，提供公共卫生和基本医疗服务

"健康中国"从2016年的全国卫生健康大会上提出的处于优先发展战

---

① 习近平：《中国共产党第十九次全国代表大会上的报告》，《求是》2017年第21期。

② 《关于进一步完善医疗卫生服务体系的意见》，新华社2023年3月23日。

略地位，到今天提出的要实施健康中国战略，完善国民健康政策，为人民群众提供全方位的服务，可以看出，中国医疗领域的改革在升级和完善，从一个部门负责到多个部门统筹协调，从以前单纯关注治病救人，到现在关注人民健康。未来考核一个国家、一个地区、一座城市的发展指标，不再单单看国内生产总值，更要考虑人民健康等综合素质。

全方位全周期的健康服务是从一个人出生到死亡，每个阶段都提供持续有效的健康服务，因此加强医疗卫生服务体系和全科医生队伍建设显得尤为重要。健康服务需要基层、社区、医院等各类机构有效协作、合理分工，尤其是基层医生队伍，起到居民"健康守门人"的重要作用，他们只有在居民身边做好专业的健康指导，才能更好地为居民提供全方位全周期的健康服务。

（二）深化医药卫生体制改革，健全基本医疗保险机制

坚持基本医疗卫生事业公益属性，以提高医疗质量和效率为导向，以公立医疗机构为主体、非公立医疗机构为补充，扩大医疗服务资源供给。加强公立医院建设，加快建立现代医院管理制度，深入推进治理结构、人事薪酬、编制管理和绩效考核改革。加快优质医疗资源扩容和区域均衡布局，建设国家医学中心和区域医疗中心。加强基层医疗卫生队伍建设，以城市社区和农村基层、边境口岸城市、县级医院为重点，完善城乡医疗服务网络。稳步扩大城乡家庭医生签约服务覆盖范围，提高签约服务质量。支持社会办医，鼓励有经验的执业医师开办诊所。[①]为了解决看病难看病贵的问题，广东多年来持续深化医疗卫生体制改革，不断提升医疗服务能力，推动分级诊疗体系建设，让群众能够在"家门口"把病看好，在充分

---

① 《中华人民共和国国民经济和社会发展第十四个五年规划和2035年远景目标纲要》，新华社2021年3月13日。

总结抗疫经验的基础上，对于抗疫过程中所暴露出来的问题和短板，都进行了分类梳理，广东医疗卫生体制从"以治病为中心"向"以人民健康为中心"转变，预防为主，积极推动健康的生活方式，推动健康中国战略实施。要深化疾病预防控制体系改革，一方面，广东全面推进地区公共卫生委员会建设，全面落实重大疫情防控的职能；另一方面，优化疾控机构配置，建立激励和保障双结合的机制。广东还实施公共卫生防控救治三年行动计划，对早期检测预警、风险评估研判、流行病学调查、应急处理等能力进行提升，建立多渠道多方位全面检测预警和评估机制。

健全基本医疗保险稳定可持续筹资和待遇调整机制，完善医保缴费参保政策，实行医疗保障待遇清单制度。做实基本医疗保险和救助制度，完善医保目录动态调整机制，推行以按病种付费为主的多元复合式医保支付方式。将符合条件的互联网医疗服务纳入医保支付范围，落实异地就医结算，扎实推进医保标准化、信息化建设，提升经办服务水平。[1]广东在借鉴三明市医改经验的基础上，按照"腾空间、调结构、保衔接"的路径，对虚高价格的药品进行降价，共同推进服务价格、医保支付等综合改革。对于看病贵的问题，广东在药品耗材方面，进行集中采购，完善药品耗材医保结余政策，落实医疗价格和招标评价机制。为保障药品供应，要加快创新药、临床急需用药的上市，健全易短缺药品的检测机制，加大力度支持罕见药、儿童用药、重大疾病用药等药品的研发生产。推进医保支付方式改革，按照病种和支付标准动态调整机制，全省统一使用病种分值库。完善全民医保制度，实现跨省和省内异地结算机制，对于高血压、糖尿病等慢性病实现了跨省直接结算。

---

① 《中华人民共和国国民经济和社会发展第十四个五年规划和2035年远景目标纲要》，新华社2021年3月13日。

（三）建设优质医疗卫生服务体系，基本实现"大病不出县"

广东实施三甲医院"组团式"帮扶县级医院全覆盖、高水平医院"一对一"紧密型帮扶、组建城市医疗集团和紧密型县域医共体等措施，推动县级医院综合服务能力显著增强，门诊人数激增，县区内住院率不断上升，基本实现"大病不出县"。

自2019年底全面启动实施54家三甲公立医院"组团式"紧密型帮扶78家县级公立医院以来，全省医疗队伍人才"组团式"紧密型帮扶工作进展成效显著，得到群众的欢迎和认可。"组团式"紧密型帮扶达到了以下几个方面成就：第一，帮扶保障机制全面建立。各点对点的医院都建立了紧密的工作联系，共同研究工作中出现的问题，进行深入调查研究，实现精准帮扶。第二，医疗服务能力得到提升。78家受助医院新增重点专科111个，引进技术1595项，填补县级医院多项技术空白，重大慢性疾病患者实现了就近就医。大部分受助医院医疗服务能力达到国家标准要求，住院率逐年上升，基本实现大病不出县，患者满意度也大幅度提升。第三，人才队伍素质全面提升。双方坚持培养本地骨干人才，打造一支带不走的医疗队伍，78个帮扶团成员都有中级以上职称，当地医务人员接受培训14.7万人次，全面提升了人才水平。第四，医院管理水平得到提升。通过学习支援医院的管理经验，加快建立现代医院管理制度，完善医疗质量管理体系，持续优化就医流程。第五，信息化服务水平提升。帮扶团队积极协助受助医院进行信息化建设，利用广东省远程会诊平台开展业务。

在县域医共体建设上，广东一直在积极推进。为帮助边远地区的医共体建设，以提高医共体医疗服务水平为目标，减轻人民群众的就医负担，发挥专家智囊团的作用，深入医共体一线，剖析重点难点问题。

▼五 完善人口发展战略，引领人口发展新常态

党的二十大报告提出，中国式现代化是人口规模巨大的现代化。人口高质量发展指的是人口总量充裕、人口整体素质不断提高、人口结构优化、现代化人力资源合理分布、人口长期均衡发展、与经济社会高质量发展相适应的人口发展。二十届中央财经委员会第一次会议提出："完善新时代人口发展战略，认识、适应、引领人口发展新常态，着力提高人口整体素质，努力保持适度生育水平和人口规模，加快塑造素质优良、总量充裕、结构优化、分布合理的现代化人力资源，以人口高质量发展支撑中国式现代化。"[①]这就明确了人口素质、规模、结构在高质量发展中发挥的重要作用，现代化人力资源在现代化产业体系中的重要作用，要求我们把人口高质量发展同人民高品质的生活紧密结合起来，促进人的全面发展和全体人民共同富裕。

（一）合理调控人口规模，不断优化人口结构

我国劳动力数量非常庞大，劳动力素质不断提高。截至2022年底，我国劳动力人口为87556万人。我国正在从人力资源大国转向人力资本大国，拥有人才的坚实基础。劳动力人口绝大多数都接受过良好的教育。2022年，我国16~59岁劳动人口接受教育平均年限达10.93年，虽然未来人口数减少后，劳动力数量会逐渐减少，但是劳动力的整体素质在不断提高，人才队伍也在扩大，接受过良好教育的绝大多数人都是人才红利的重

---

① 《习近平主持召开二十届中央财经委员会第一次会议》，新华网2023年5月6日。

要基础。人口发展呈现少子化趋势，但这并不意味着人口规模巨大的特征会消失，在未来相当长的时间里，我国人口总量依然非常大，到2035年或到2050年我国的人口规模能保持在13亿～14亿，因此，从现在到建成社会主义现代化强国，人口规模大的特征都会贯穿于中国式现代化的整个过程中，成为中国式现代化的特征。

广东推进供给侧结构性改革、实施创新驱动发展战略、构建开放型经济，加强人口性别比管理，增加有效劳动力，积极应对人口老龄化现象，促进广东人口与经济社会的良性发展。第一，综合治理出生人口性别比。依法打击"两非"即非医学需要的性别鉴定和选择性别从而终止妊娠的非法行为，为人口性别比搭建数据共享平台，对出生人口性别比进行统计和监测。深入开展"关爱女孩行动"。加大对妇女儿童合法权益保障的宣传，营造男女平等的社会氛围和尊重女性的社会风尚。建立健全两性平等教育体系以及保障女性终身发展的权利，对于生育女孩的家庭，完善扶助保障政策体系，提高女孩及其家庭的发展能力。第二，促进人口合理分布。推动城乡人口协调发展，引导人口有序流动和合理分布，实现人口与资源协调发展。加快推进以人为本的城镇化。推动户籍制度改革，对于超大、特大和大中小城市实施差别化落户政策，推动在城镇有稳定就业和生活的农业人口在城镇落户。把具备条件的县和特大镇升级为市，从而增加中小城市数量，优化大中城市规模和结构。根据城镇常住人口的分布和发展趋势，合理安排城市住宅及配套设施用地，统筹布局各项公共服务设施。建立城市规范管理体制，把"城中村"人口纳入城市人口统一管理，制定和完善配套政策，切实保障农村转移人口与城市人口有同等的权利和义务，提高城镇化质量。第三，优化提升珠三角城市群。在和港澳共建世界级城市群的前提下，推动珠三角优化城市体系，吸引人口合理集聚。其中，广州、深圳严格控制中心城区的人口规模，以城镇化为契机，推动人口向新区集中，提高人口整体素质，进一步加强区域内各级城市联动，适度增加粤港澳大湾区城市人口集聚。促进珠三角和粤东西北城市协同发展。优化城镇化布局，增强珠三角城市的辐射带动作用，推动韶关、河源、汕尾、阳江、清远、云浮等环珠江三角洲城市融入珠江三角洲，加快形成多地区快速发展的增长极，引导人口有序集聚和流动，促进区域人口合理布局。

（二）合理调配人力资源，提高社会发展效能

党的十九大报告指出，我国经济已经由高速增长阶段转向高质量发展阶段。我国在未来三十年依然是人力资源大国，提高人力资源的利用率，要利用好人力资源的优势，充分发挥劳动者就业的积极性，这是建立人力资源强国的必然要求。第一，尊重人民劳动意愿，保证较高水平的劳动参与率，调动人民参与劳动的积极性。人口结构的调整速度是比较漫长的过程，在结构调整的过程中，可以为劳动人口提供较好的劳动环境，在尊重其意愿的前提下，充分利用人力资源。第二，调动人口劳动积极性，首先在退休问题上保持灵活度。对于退休老人来说，随着医疗状况的改善，老年人有丰富的技能和较好的身体条件，相当一部分老年人希望退休后发挥余热，希望继续参与社会活动来丰富自己的生活，提高生活幸福感，可以在充分征求社会意见的前提下，稳妥推进延迟法定退休年龄，或是优化退休后的返聘制度，依法保障返聘人员的合法权益，能够让他们安心地继续"发光发热"。其次要在用工中破除"年龄歧视"，对一部分到达中年阶段的劳动人口来说，经常被贴上"中高龄"的标签，会增加其心理压力，削弱其竞争力，不利于这类人群的发展。最后，要给女性提供更好的发展空间，女性比较看重在工作中是否有歧视、收入水平等方面的因素，只有减轻了女性的生活负担，其工作意愿才能够提升。对于就业困难的女性，

应当提供适当的就业政策支持，为女性劳动者提供技术培训，特别是要对女性加强保护，避免性别歧视，为女性营造更加公平的工作环境。第三，政府和市场两个主体同时发力，推进新的经济发展模式。推动劳动密集型向知识密集型转型。虽然我国在未来几十年内有比较丰富的人力资源，但是人力资源的结构会随着时间而发生变化，对于中高龄劳动力应该推动其向知识密集型转变，发挥劳动力在知识积累中的重要作用。其次，要加强对中高龄劳动力的就业培训。调查显示，大部分的中高龄求职者比较愿意在电子商务等新领域工作，但是缺乏相关的经验和能力，因此需要对职业教育加大支持力度，为中高龄求职者提供个性化的培训，为中高龄求职者建立新型的职业资格认证体系，助力中高龄求职者顺利进入新的领域。最后，要不断建立和完善与人口结构调整相匹配的产业体系。老年人口上升会对医疗和养老提出更高的要求，目前我国的养老配套设施还不是很完善，针对老年人这个关键群体，要加大对健康产业的支持力度，搭建好技术创新平台，通过把健康医疗和数字经济相结合，满足老年人对养老质量的高标准高需求。

（三）实现人口总量充裕，不断提高人口素质

我国总人口出现了负增长的现象，但在2050年前仍然可以保持在13亿~14亿人口，劳动力规模仍然非常巨大，实现适度生育水平、推动人口可持续发展是推动人口高质量发展的重要支撑。我国人口增长的主要矛盾已经从人口过快增长转变为人口均衡增长的压力，因此，只有保持适度的生育水平，才能更好地促进人口的均衡发展。

教育是提高人口素质的关键途径，也是推动"人口红利"向"人才红利"转变的关键时期，要把建设教育强国作为人口高质量发展的战略工作，全面提高人口素质。目前，我国已经建成了以学前教育、初中高等教

育为主要内容的教育体系，教育发展水平居世界前列。我国基础教育为教育事业的发展提供了兜底保障，让每个孩子都能够享有公平而有质量的教育，使我国更好地从人力资源大国向人力资源强国迈进。

要重视人口增长的问题，并不是说要一直保持人口的高速增长，也不是说对人口出现负增长的情况接受不了，而是要让人口增长形成一个"缓冲带"，在经济、政治、社会、养老等领域都能够平稳过渡，避免出现更多的新问题，保证人口数量的目的就是能够缓冲其间产生的新矛盾，让经济能够快速发展，社会能够和谐稳定，不会因为人口减少而出现新的矛盾和问题。中国式现代化的发展需要人的发展去支撑，因此，人口的高质量发展就成了今后的战略目标。如何在保持人口总量充裕的情况下去提高人口素质，鼓励生育的政策固然很重要，但是如何让新生人口能接受高素质教育更重要。

习近平主持召开二十届中央财经委员会第一次会议时强调加快建设以实体经济为支撑的现代化产业体系，以人口高质量发展支撑中国式现代化。要深化教育卫生事业改革创新，把教育强国建设作为人口高质量发展的战略工程，全面提高人口科学文化素质、健康素质、思想道德素质。要建立健全生育支持政策体系，大力发展普惠托育服务体系，显著减轻家庭生育养育教育负担，推动建设生育友好型社会，促进人口长期均衡发展。要加强人力资源开发利用，稳定劳动参与率，提高人力资源利用效率。要实施积极应对人口老龄化国家战略，推进基本养老服务体系建设，大力发展银发经济，加快发展多层次、多支柱养老保险体系，努力实现老有所养、老有所为、老有所乐。要更好统筹人口与经济社会、资源环境的关系，优化区域经济布局和国土空间体系，优化人口结构，维护人口安全，促进人口高质量发展。①

---

① 《习近平主持召开二十届中央财经委员会第一次会议》，新华网2023年5月6日。

▶ 后 记

党的二十大明确了建设社会主义现代化国家、以中国式现代化推进伟大民族复兴的新的中心任务，2023年4月10日至13日，习近平总书记亲临广东视察，寄希望广东"在推进中国式现代化建设中走在前列"，中共广东省委第十三次三中全会提出1310具体部署全面落实总书记的重要指示，中山大学中共党史党建研究院联合广东人民出版社及时筹划《奋力建设现代化新广东研究丛书》的写作出版工作，本书是其中的一本。

"为人民谋幸福是共产党人不变的初心"，中国共产党自成立起始终坚持人民至上，通过革命、社会主义建设与改革追求并实现了人民的政治解放、经济解放。作为改革开放的排头兵，尤其是进入新时代以来，广东在探索直接体现人民幸福的社会民生建设领域取得了显著的成就，积累了宝贵的经验。本书旨在全面展现广东社会民生建设的成就，系统总结广东民生建设取得的经验，客观剖析广东在面对中国式现代化人民美好生活、共同富裕的新目标、新追求所存在的差距与问题，分别从就业、社会保障、医疗卫生、共同富裕以及人口高质量发展等角度详尽探讨在社会主义现代化国家建设的新征程上广东民生建设的创新举措与新路径。

全书由袁洪亮拟订写作思路，确定写作提纲与基本框架，写作具体分工如下：第一章刘婷玉、第二章郑夏兰、第三章马燕、第四章陈碧姣、第五章李宇航、第六章邹倩，袁洪亮负责完成统稿、定稿工作。

本书在写作过程中，得到广东人民出版社编辑团队的大力协助，从确定写作思路、拟订写作提纲、到最后稿件的修改完善都做了非常多细致扎实的工作，特此致谢。

由于时间仓促和水平所限，书中难免疏漏和不当之处，恳请各位专家学者批评指正。

作　者

2024年8月